Sebastian Schlösser

Lieber Matz, Dein Papa hat 'ne Meise

Ein Vater schreibt Briefe über seine Zeit in der Psychiatrie

Ullstein

Besuchen Sie uns im Internet:
www.ullstein-taschenbuch.de

Ungekürzte Ausgabe im Ullstein Taschenbuch
1. Auflage Dezember 2012
2. Auflage 2012
© Ullstein Buchverlage GmbH, Berlin 2011
Umschlaggestaltung: ZERO Werbeagentur, München,
unter Verwendung einer Vorlage von Rudolf Linn, Köln
Satz: Pinkuin Satz und Datentechnik, Berlin
Gesetzt aus der Bembo
Papier: Pamo Super von Arctic Paper Mochenwangen GmbH
Druck und Bindearbeiten: GGP Media GmbH, Pößneck
Printed in Germany
ISBN 978-3-548-37471-0

Mein lieber Matz,

nun bin ich schon eine Weile hier, und erst jetzt verstehe ich so langsam, was in den letzten Wochen und Monaten alles passiert ist und warum ich schließlich hier gelandet bin. Ja genau. Gelandet, wie ein Raumschiff. Zuerst kam ich mir hier auch wirklich so vor wie auf einem anderen Planeten. Ich bin so schnell gewesen in der letzten Zeit. Wie ein Raumschiff bin ich durchs Leben geflogen. So schnell, dass ich vieles gar nicht mehr sehen konnte, vor allem auch Dich. Das tut mir wahnsinnig leid und war für Dich bestimmt sehr schwer. Damit ich wieder langsamer werden kann, brauche ich Hilfe von speziellen Ärzten. Und spezielle Medizin.

Vielleicht hat Dir jemand gesagt: »Dein Papa ist in der Klapse.« Das ist die Kurzform von Klapsmühle, und so hat man den Ort, an dem ich gerade bin, früher genannt. Da kamen alle hin, die einen Klaps hatten. Ins Irrenhaus oder die Irrenanstalt. Dort sperrte man die Menschen ein, die an der Seele gelitten haben. Die Ärzte wussten damals so gut wie nichts über Krankheiten der Seele, und weil sie sich auch gar nicht richtig dafür interessierten, sagten sie zu den Kranken, sie hätten *dementia praecox*. Das ist Latein und heißt nicht etwa alter Apfel, sondern vorzeitige Verblödung. Was für eine Unverschämtheit! In Wien, der Hauptstadt von Österreich, gab es sogar einen Narrenturm, in den man sie einfach reinsteckte.

Du siehst, man hat sich früher nicht viel Mühe mit den Verrückten gegeben. Das ist heute zum Glück anders. Heute heißt die Klapse psychiatrische Klinik. Ein Wort, das man kaum aussprechen kann und das irgendwie unheimlich klingt. Darum habe ich mir überlegt, dass ich sie einfach Wolkenkuckucksheim nenne.

Wolkenkuckucksheim kommt aus einem Theaterstück, das ein Grieche vor ganz langer Zeit geschrieben hat. *Die Vögel* von Aristophanes. In diesem Stück übernehmen die Vögel die Weltherrschaft und erbauen eine eigene Stadt im Himmel. Sie heißt Wolkenkuckucksheim. Das passt doch gut. Man sagt schließlich auch: »Du hast echt einen Vogel!« Oder: »Du hast 'ne Meise!« Die Spezialärzte hier nenne ich einfach Meisendoktoren, denn sie sollen mir dabei helfen, meine Meise einzufangen.

Du fragst Dich jetzt bestimmt, wie ich diese Meise überhaupt bekommen habe. Die Frage ist gar nicht so leicht zu beantworten. Selbst ganz schlaue Forscher haben darauf noch keine Antwort gefunden. Einige sagen, es sei Vererbung. Das heißt, jemand in der Familie hat das schon gehabt, und so ist es weitergegeben worden. Wie eine besonders große Nase.

Das kann gut sein. Die Meisenveranlagung bei mir kommt aus der Familie von Omi Frauke. Es gab einen

Onkel von Omi. Der hieß wie Du Matz und hatte drei jüngere Schwestern. Meine Oma, die eine seiner Schwestern war und die ich immer Mima genannt habe, hing sehr an ihm. Leider ist er früh gestorben. Er soll ein ganz schöner Schlawiner gewesen sein, pfiffig, lebhaft und gerissen. Und er hatte auch 'ne Meise. Nur hat man damals eben nicht erkannt, dass er krank war. »Der spinnt«, haben die Leute gesagt, und das war es dann. Geholfen wurde ihm nicht. Weil Onkel Matz mir durch die Erzählungen von Mima sehr vertraut war und weil er mir gleichzeitig lustig, aber auch unbegreiflich vorkam, wollte ich, dass Du seinen Namen trägst. Ich habe mir genau so einen lustigen und frechen Jungen gewünscht. Natürlich keinen verrückten, aber einen kleinen Schlawiner schon.

Eine Cousine von Omi, Tante Marion, hat es auch. Sie war schon öfter in Wolkenkuckucksheim. Jedes Mal, wenn es ihr wieder besserging, hat sie die Tabletten nicht mehr genommen, und dann ist die Meise umso stärker zurückgekehrt. Wenn die Meise bei ihr besonders stark wütet, ruft sie Omi Frauke an, um sie zu beschimpfen. Früher hat sie Mima angerufen. Tante Marion fühlt sich wegen irgendetwas in der Vergangenheit betrogen, kann aber nicht genau sagen, was es ist. Am Telefon droht sie immer: »Ihr werdet noch sehen.« Auch mein Cousin George in Amerika, der Sohn von Hans-Peter, hat 'ne Meise.

Das, was wir alle haben, nennen die Ärzte nicht Meise oder Vogel, sondern bipolar-affektive Störung. Klingt nach Affen am Nordpol. Affige Polarforscher. So bin ich mir auch ein wenig vorgekommen. Wie ein Polarforscher. Nicht so wie einer im Schneeanzug im ewigen Eis. Aber so wie ein Forscher, der die Pole auskundschaftet. Ich meine damit die Endpunkte der Erde, oben und unten. Da, wo es nicht mehr weitergeht. Zum Nordpol muss man eine weite Strecke zurücklegen. Das habe ich auch getan. Ich bin zwar nicht an die Grenzen der Erde gestoßen, aber an meine Grenzen. Und an Mamis und Deine. Nur dass ich das zuerst gar nicht gemerkt habe. So, wie wenn Du Geburtstag hast, und Du hast alle Deine Freunde zu Besuch, und es gibt den ganzen Tag nur Süßes, und abends siehst Du sogar noch einen Film. Dann willst Du unbedingt, dass es immer so weitergeht. Mehr Geschenke. Mehr Freunde. Mehr Süßes. Mehr Spaß. Und auf einmal werden die Freunde abgeholt, und Du sollst ins Bett! Aber Du bist noch gar nicht müde. Ehrlich nicht! Ganz im Gegenteil. Der Tag soll niemals aufhören. Du kannst nicht verstehen, dass nun alles vorbei sein soll. So ein Gefühl hat man nur, wenn man noch ein Kind ist. Wenn man älter wird, freut man sich zwar noch, aber es fühlt sich nicht mehr so stark an. Die Erwachsenen sagen, sie haben ihre Gefühle im Griff. Das stimmt. Im Würgegriff. Weil sie es gar nicht mehr aushalten würden, so wie die Kinder zu fühlen.

So. Eines Tages vor vier Monaten, kurz nach Deinem Geburtstag, bin ich aufgewacht und habe wieder so starke Gefühle gehabt. Das war toll und hat sich erst mal ganz wunderbar angefühlt, wie ein Zaubertrank.

Ja, so war das. Ich muss jetzt Schluss machen. Es ist Zeit für die Medizin. Hier im Krankenhaus gibt es einen langen Flur, von dem die Zimmer abgehen. Meistens Zweierzimmer. In der Mitte des Flurs befindet sich ein Extrazimmer für die Ärzte und Pfleger und Schwestern. Um Punkt acht Uhr abends gibt es dort für alle die Medizin. Da muss ich jetzt hin. Ich schreibe wieder. Versprochen.

Ich hab Dich lieb.

Papa

Lieber Matz,

heute fällt mir alles schwer. Ich bin so unzufrieden. Möchte gar nicht hier sein. Alles nervt mich. Vor allem die anderen Patienten mit ihren Meisen. Andere Meisen. Nicht bipolar, sondern monopolar, depressiv oder schizophren. Sicherlich kennst Du die Schimpfwörter »schizo« und »depri«? Vielleicht bist Du dafür aber auch noch zu jung. Schizophrene hören oft Stimmen und sind davon überzeugt, verfolgt zu werden. Aber das stimmt nicht. Dieser Verfolgungswahn macht ihnen große Angst. Wenn Du vor dem Imperator in *Star Wars* Angst hast, ist das allerdings etwas ganz anderes. Bei Dir geht die Angst von allein wieder weg. Und falls Du doch in der Nacht aufwachst, dann lässt Du Dich von uns trösten. Schizophrene aber lassen sich gar nicht oder nur sehr schwer beruhigen, und vor lauter Angst und Argwohn nehmen sie auch die Tabletten gegen die Angst nicht. Sie leben in andauernder Angst. Permanent. Sind in ihr gefangen.

Wie die ältere Frau hier, die aussieht wie meine Physiklehrerin aus dem Gymnasium. Sie meint, man würde sie vergiften wollen. Alle steckten unter einer Decke.

Die Ärzte, die Pfleger, die Schwestern und natürlich auch wir anderen Patienten. Wir hören angeblich alle auf die Anweisungen ihres Mannes, der sie aus dem Weg räumen will, um an ihr Geld zu kommen. Tatsächlich kommt der Mann sie alle zwei Tage besuchen und geht mit ihr in der Cafeteria Kaffee trinken. Er wirkt traurig und versucht, mit ihr zu sprechen, aber sie sieht stur geradeaus. Ich weiß nicht, wer mehr Hilfe braucht. Wenn sie in der Raucherecke vor sich hin quasselt, muss ich manchmal lachen, und dann guckt sie mich ganz böse an. Sie hat aber auch schon mitgelacht – so, wie wenn man jemanden beim Schwindeln erwischt.

Die Depressiven sind auf ihre Art noch anstrengender. Sie sind wahnsinnig langsam und zögerlich und fühlen gar nichts mehr. Als hätte man den Stöpsel aus ihrem Herz herausgezogen. Das, was zurückbleibt, ist nur ein wabbeliges lauwarmes Gefäß ohne Inhalt. Wie eine Wärmflasche am nächsten Morgen. Die Depressiven hocken den ganzen Tag auf unserem Flur herum und warten. Warten auf die Ärzte, die morgens zur Kontrolle vorbeikommen. Dann wird der Blutdruck gemessen, kurz gefragt, ob es gerade Schmerzen oder Probleme gibt. Nein? Das ist ja prima. Elendsverwaltung ist das. An den Vormittagen dünnt es sich auf der Station etwas aus, weil die meisten irgendwelche Gruppen haben. Bewegungsgruppe, Entspannungsgruppe oder Bastelgruppe zum Beispiel.

Ich gehe lieber spazieren. Im Park oder auf dem riesigen Klinikgelände. Dann gibt's auch schon Mittagessen, Mittagsfraß möchte ich sagen. Zwei große Servierwagen werden auf die Station geschoben, mit vielen Tabletts, auf denen Teller stehen, die abgedeckt sind, damit die Hitze nicht entweicht. Was aber entweicht, ist ein grauenhafter Gestank: der Geruch von zerkochtem Gemüse, oft von Blumenkohl. Dazu gibt es ein Stück Fleischähnliches mit dunkler Soße. Hinterher noch ein undefinierbares süßes Etwas. Angeblich Nachtisch. Untertisch würde besser passen. Im Ernst. Das Essen ist vollkommen unzumutbar; funktioniert vielleicht für die Depris, weil die eh nichts essen. Zum Gesundwerden braucht es doch wenigstens gesundes Essen, oder? Wenn Du krank bist, dann koche ich Dir Hühnersuppe und Pudding, damit Du schnell wieder zu Kräften kommst. So wie meine Mutter das auch schon gemacht hat. Ganz normal, möchte man meinen. Ich koche gern. Nicht weil ich es muss, sondern weil es mich beruhigt. Oft denke ich schon morgens unter der Dusche darüber nach, was ich alles kochen und essen könnte. Bei mir ist immer alles frisch zubereitet. Frisch, das kennen die hier gar nicht. Das liegt natürlich auch daran, weil das Gelände hier so groß ist und so viele Patienten mit Essen versorgt werden müssen. Deshalb gibt es hier eine riesige Küchenstadt mit Hunderten kleinen Männchen in weißen Kitteln und mit Plastikhauben auf dem Kopf. So stelle ich mir die Küche von Darth Vader vor. Dem Bösewicht aus *Star Wars*.

Schlechtes Essen kann einen umbringen. Also nicht sofort. Das dauert Jahre. Trotzdem bin ich mir ganz sicher, dass es besser wäre, wenn wir uns selbst versorgen müssten. Dazu müsste man Kochgruppen zusammenstellen, aber mit Bedacht. Denn bei einer reinen Deprio oder Schizo-Kochgruppe gäbe es wohl nichts auf den Teller. Einen Versuch wäre es zumindest wert. Ich habe es auch schon angesprochen, aber wenn man darüber nicht gleich mit dem Leiter der Psychiatrie spricht, das ist der Direktor des ganzen Meisenzoos hier, passiert eh nichts. Das ist wie überall sonst auch. Wenn man etwas verändern will, braucht man zuerst eine gute Idee und dann vor allem Geduld.

Ich mache immer kleine Ausflüge. In den Park gehe ich, wie gesagt, am liebsten. Aber das Gelände und die verschiedenen Gebäude finde ich auch spannend. Vor jedem Haus stehen die Raucher in Bademänteln um einen großen, mit Sand gefüllten Aschenbecher. Wir dürfen auch drinnen rauchen. Das ist der Vorteil an der Meise. Ohne Rauchen ginge es auch nicht. Wir sind allesamt viel zu nervös und würden uns ohne Zigaretten, ohne den kleinen glühenden Strohhalm, mit dem wir die Langeweile wegsaugen, gegenseitig in der Luft zerreißen.

Das Entfernen von der Station ist erlaubt und ausdrücklich gewünscht, um sich so früh wie möglich wieder daran zu gewöhnen, sich außerhalb von Wolkenkuckucksheim unter den Menschen zu bewegen. Um zu lernen, ohne Hilfe klarzukommen. Macht außer mir aber keiner. Die anderen trauen sich irgendwie nicht. Sie wissen anscheinend auch nicht, wohin sie gehen sollen. Oder es macht ihnen Angst.

Bevor ich die Station verlasse, muss ich mit einem dicken Filzstift auf eine große Tafel vor dem Schwesternzimmer schreiben, wohin ich gehe. Am Anfang habe ich mich über diese Vorschrift geärgert. Überhaupt habe ich mich über alles aufgeregt. Daran ist aber auch die Meise schuld. Sie macht mich noch ungeduldiger, als ich eh schon bin, und ist eben noch nicht richtig eingefangen. So ähnlich hat es mir ein Arzt erklärt.

Jedenfalls war mir, als sei ich wieder wie Du ein Kind, das seine Eltern wegen allem um Erlaubnis fragen muss. Das hat mich als Kind schon genervt, genauso wie es Dich nervt. Du glaubst gar nicht, wie doof es sich anfühlt, als Erwachsener wegen jeder Kleinigkeit um Erlaubnis fragen zu müssen. Und umgekehrt: Wenn ich Dir etwas vorschreibe, muss ich immer sofort an meine Mutter denken und höre mich mit ihrer Stimme sprechen. So genau kann ich mich an die Situationen noch erinnern. Das ist wie ein Reflex.

»Frag, bevor du vom Tisch aufstehst.« – »Frag, bevor du dir etwas Süßes nimmst.« – »Zieh dich warm an.« – »Wasch dir die Hände.« – »Sei still, wenn Erwachsene sich unterhalten.« Diese Sätze, die man, ohne zu überlegen, einfach so sagt. Weil einem nichts Besseres einfällt. Weil man es selbst so gehört hat. Manchmal denke ich, dass die ganze Welt nur in solchen Floskeln spricht und niemand etwas wirklich Überlegtes von sich gibt. Alles schon tausendmal gehört. Tausendmal gesagt. Tausendmal nicht zur Kenntnis genommen. Alle plappern nur das nach, was sie von ihren Eltern und ihrem sonstigen

Umfeld aufgenommen haben. Papageien. Aber das ist so. Das machen Eltern so. Regeln aufstellen. Und meistens ist das, was zu regeln ist, genau so dringlich, wie wenn Du etwas unbedingt willst: Man hat gar keine Zeit nachzudenken. Deshalb das reflexartige Geplapper. Weil man die Kontrolle behalten muss. Kontrollieren. Es gibt da so einen Spruch: Vertrauen ist gut, Kontrolle ist besser. Der Satz stimmt allerdings erst, wenn man schon oft in seinem Vertrauen enttäuscht worden ist. Das ist bei Erwachsenen eben häufig der Fall, und ich hoffe sehr, dass Du diesen Satz nie brauchst. Dass Du vertrauen kannst. Weil es schön ist und frei macht. Ich möchte auch immer frei sein. Und keine Angst haben. Stattdessen habe ich mich hier selbst eingesperrt. Obwohl. Das ist nicht ganz richtig. Versteckt habe ich mich. Vor der Welt und vor mir selbst. Ich brauche Urlaub von mir. Deswegen habe ich mein Handy auch in die Alster geworfen.

Ich entwickle einen diebischen Ehrgeiz, kleine Frechheiten auf die Tafel zu schreiben. »Herr Schlösser geht jetzt auf dem Klinikgelände flanieren. Wenn er Glück hat, macht er dabei eine positive Entdeckung, oder auch zwei. Er wird pünktlich zum Abendessen zurück sein.« – »Herr Schlösser besorgt sich Rauchwaren für den Eigenbedarf und macht sich mit den örtlichen Gegebenheiten vertraut.« – »Herr Schlösser geht im Park spazieren und versucht dabei, Zuversicht auszustrahlen.« – »Herr Schlösser flüchtet sich vor der geballten Schönheit der Station ins Freie.« Was Ironie bedeutet, verstehst Du mittlerweile auch schon. Mich über Dinge lustig zu machen hat mir immer schon oft über Situationen hinweggeholfen, die ich eigentlich zum Weinen fand. Unerträglichkeiten, Schwierigkeiten weglachen. Das hilft.

Aber ich komme schon wieder vom Thema ab. Das gehört auch zu meiner speziellen Meise. Ich wollte Dir von der riesigen Küche erzählen. Sie ist ungefähr so groß wie die Metro. Man kann, ehrlich gesagt, gar nicht mehr von Küche sprechen. Von Küchenfabrik vielleicht. Oder von Küchentodesstern mit hirnlosen Küchendroiden. Reingelassen haben sie mich leider nicht. Natürlich nicht. Wundert mich eh, dass keine bewaffneten Wachen vor der Tür stehen. Aber das ist es ja auch: Es beschwert sich niemand über den Fraß! Dabei hätte ich den Panschmeistern zu gern einmal erklärt, wie man einen frischen Salat oder Pasta *al dente* zubereitet. Bissfest. Die schaffen es hier, selbst die einfachsten Gerichte zu versauen. Nicht mal ein Spiegelei kriegen die hin. Dabei ist das kinderleicht. Ich wette, Du könntest diese Herrn Köche heute schon locker unter den Tresen kochen. Wie bei *Ratatouille*. Erinnerst Du Dich an den Film? Eine Ratte zeigt den Menschen, wie man richtig kocht! Ich werde ganz traurig, wenn ich an den Tag denke, an dem wir diesen Film zusammen gesehen haben. Ich muss übrigens oft an Dich denken, und an Tagen wie heute könnte ich dann nur noch weinen. Tu ich auch meistens. Denn komischerweise geht das jetzt wieder. Ist auch gar nicht schlimm, jahrelang konnte ich gar nicht richtig weinen. Und mich nicht richtig freuen. So, dass es einem in den Magen fährt. Wie dem tauben Mädchen in Deinem Lieblingslied. *Sie mag Musik, nur wenn sie laut ist.* Das Schwierige ist allerdings, dass die Freude und die Traurigkeit so schnell in den Magen und in das Herz jagen, dass ich gar nicht mehr mitkomme. Es ist auch wahnsinnig anstrengend, das auszuhalten. Ein Gefühl, als würde permanent Strom durch mich hindurchfließen. Die anderen verstehen gar nicht, warum das so schnell geht bei mir. Ich weiß es ja selbst nicht.

Ich habe einfach Angst, so zu werden wie die anderen Klapsis hier in Wolkenkuckucksheim. Drinnen sitzen und Löcher in die Gegend gucken.

Das darf nicht sein.

Dafür will ich kämpfen.

Bis morgen.

Papa

Lieber Matz,

heute will ich Dir von meinen Mithäftlingen, den anderen Meisenprofis, erzählen. Ich habe ja schon geschrieben, dass wir viel Zeit in der Sitzecke mit Rauchen verbringen. Gleich nach meiner Ankunft wurde ich sofort von zwei Frauen freundlich und neugierig in Empfang genommen. Inzwischen ist es fast so, als würden wir uns schon immer kennen.

Helga ist um die sechzig und hatte einen depressiven Zusammenbruch. Ihr Mann hat sie in die Klinik gebracht. Man kann sich gar nicht vorstellen, dass sie so große Probleme mit einer traurigen Meise hat. Sie sieht aus, als wäre sie erst vor kurzem von einem längeren Urlaub in der Sonne zurückgekehrt. Aber genau das ist bei den Meisenkrankheiten das Problem. Man kann die Meise nur sehr schwer erkennen. Sie ist gut versteckt. Helga könnte meine Mutter sein, und so verhält sie sich mir gegenüber auch.

Maria ist Mitte dreißig und sieht aus wie Schneewittchen. Haare schwarz wie Ebenholz, die Haut weiß wie Schnee und die Lippen rot wie Blut. Bei Maria sind sie allerdings geschminkt. Sie hat gleich mehrere Meisen, ist schon länger hier und wird bald in eine Kureinrichtung in der Lüneburger Heide wechseln. Eine Kur ist ein ganz besonderer Urlaub, der einem dabei hilft, wieder gesund zu werden. Je nachdem, was man hat, bekommt man gesundes Wasser zu trinken oder wird dick mit Schlamm eingepackt, muss spezielle Turnübungen machen oder, oder, oder. Bei chronisch Kranken, also bei Menschen, die dauerhaft krank sind, ist es gar nicht so einfach, die richtige Behandlung zu finden. Oder eben bei Menschen mit Meisen. Früher wurde so eine Kur von der Krankenkasse sehr schnell genehmigt, so dass fast jeder neben dem normalen Urlaub noch eine Kur machen durfte. Heute ist es schwieriger, eine Kur genehmigt zu bekommen, was auch daran liegt, dass die Menschen sich oft nicht an die Regeln zum Gesundwerden gehalten haben. Maria hat es aber nach langen Verhandlungen endlich geschafft. Sie ist glücklich darüber und wird sehr lange in dieser Einrichtung bleiben. Jahre vielleicht. Kannst Du Dir das vorstellen? Jahrelang in einem ... na ja, nicht unbedingt Krankenhaus. Aber so ähnlich. Ich hätte Angst, dort nie wieder rauszukommen. Ihre Vorfreude darauf ist mir zwar fremd, gibt mir jedoch für meinen Weg Zuversicht. Dass ich im Theater arbeite, finden beide total spannend. »Passt auch«, meinen sie. »Hätte ich gleich sagen können, dass du was Kreatives machst. Nee, ehrlich.«

So wie die anderen Meisenprofis sich hier eingerichtet haben, für Wochen und Monate, das kann ich mir für mich überhaupt nicht vorstellen. Geht auch gar nicht. Bald muss ich schon in Essen sein, um die *Gebrüder Löwenherz* von Astrid Lindgren zu inszenieren. Dort werde ich mit Konstanze zusammenarbeiten. Das ist das erste Mal, dass ich mich auf die Zusammenarbeit mit einer Dramaturgin freue. Die nerven sonst regelmäßig. Konstanze ist nett. Sie kommt aus Wien und war dort am Burgtheater Assistentin. Das Burgtheater ist für Theaterleute in etwa das, was der Vatikan – da, wo der Papst wohnt – für die Katholiken ist. Ein imposantes Bauwerk. Ein Heiligtum. Ein Tempel. Ich habe Konstanze schon in Wien besucht, um mit ihr die Strichfassung zu machen. Dafür sind wir den Text Satz für Satz durchgegangen und haben entschieden, welche Teile wir für die Inszenierung verwenden. Das ganze Buch lässt sich ja nicht in zwei Stunden durchspielen, das geht nur in einer gekürzten Fassung. Während wir an der Strichfassung gearbeitet haben, haben wir auch schon überlegt, in welcher Szene die Schauspieler von wo auf- und abtreten und welche Probleme es geben könnte. Bei den *Gebrüder Löwenherz* ist beispielsweise die Schlussszene, in der der Drache seinen großen Auftritt hat, nicht ohne. Es ist nämlich gar nicht so einfach, einen großen, beweglichen und furchterregenden Drachen auf die Bühne zu bringen.

Weißt Du noch, dass ich Dich gefragt habe, was Du an einem Drachen am unheimlichsten findest? »Die Augen und das Feuer«, hast Du gesagt. Das habe ich mir gut gemerkt. Ich bin gespannt, wie Du ihn findest. Du solltest Dir das Stück unbedingt ansehen. Wenn ich mir vorstelle, dass Du unten im Zuschauerraum sitzt, vergesse ich meine Bedenken, dass ich eigentlich lieber ein Stück für Erwachsene gemacht hätte. Kinderstücke sind was Tolles. Aber die vermeintlich wichtigen Leute im Theater interessieren sich nicht dafür. Die tun zwar so als ob, nehmen das aber nicht ernst. Hauptsache, die Vorstellungen sind immer ausverkauft.

Das Burgtheater ist jedenfalls sehr beeindruckend. Es gibt sogar einen extra Eingang für den Kaiser. Die Kaiserstiege. Wenn man dort hinaufschreitet – anders geht das wegen des dicken roten Teppichs auf den Stufen auch gar nicht –, dann fühlt man sich tatsächlich wie ein Kaiser. Früher durfte dort nur der Herrscher mit seinem Gefolge hinaufgehen, aber weil es in Österreich keinen Kaiser mehr gibt, ist die Treppe heute für jeden offen. Konstanze hat mir alles gezeigt, und ich war schwer beeindruckt. Ich hatte mir gar nicht vorstellen können, dass es noch etwas Prachtvolleres als das Deutsche Schauspielhaus in Hamburg geben könnte, das für einige Jahre ja so etwas wie mein Wohnzimmer gewesen ist. Ich habe damals quasi im Theater gelebt und bin nur zum Schlafen nach Hause gefahren. Ich hatte auch nur eine winzige Bude. Ohne Wohnzimmer. Mein kleines Erdloch. Mein Rückzugsraum, wenn ich mal die Nase voll hatte. Vorhänge zu. Ausschlafen. Mit einer Tankstelle gegenüber. Sehr praktisch.

Übernächste Woche soll ich also nach Essen. Wieder arbeiten. Jetzt, wo ich hier im Aufenthaltsraum sitze und

Dir schreibe, kann ich mir das noch gar nicht vorstellen. Hoffentlich hat in Essen keiner mitbekommen, dass ich hier in Wolkenkuckucksheim war. Bin. Denn ich sitze schließlich noch mitten unter lauter Verhinderten. Unter Meisenprofis, die von ihrer Meise daran gehindert werden, das zu tun, was sie tun wollen. Oder das, was andere von ihnen erwarten. Ich spüre auch noch nichts. Keine große Veränderung. Ich kann wieder gut schlafen, dank der Schlaftabletten. Die hätte ich früher gebraucht. Dann hätte ich nicht so wahnsinnig viel saufen müssen. Ich habe vor allem so viel getrunken, um meine Gedanken endlich einmal abzustellen. Das kann man auch auf andere Weise tun, wirst Du jetzt sagen. Mit Sport zum Beispiel. Stimmt. Aber dafür muss man sehr diszipliniert sein. Außerdem ist das auch nicht so gesellig. Wenn man in einer fremden Stadt ist, kann man sich sehr schnell allein fühlen. Weil man niemanden kennt, außer den Leuten, mit denen man an einem Stück arbeitet. Und da man nichts anderes zu tun hat und weil es von einem erwartet wird, schaut man sich abends die Schauspieler, die bei einem mitspielen, noch in anderen Inszenierungen an. Dabei fällt es mir nicht leicht, die Arbeit von anderen Regisseuren zu sehen. Das meiste finde ich grauenhaft. Vielleicht geht es darum, sein Revier zu markieren, wie bei Hunden. Vielleicht mag ich es einfach nicht, dass schon andere da waren und mit »meinen« Schauspielern gearbeitet haben. Eifersucht. Wie auf dem Spielplatz in der Sandkiste. Die Burgen der anderen werden immer zerstört. Vielleicht redet man auch die Arbeit der anderen schlecht, um selbst etwas schaffen zu können. Weil man Energie daraus ziehen kann. Das, was die können, kann ich längst. Pah! Und dafür wurde der so hoch gelobt? Klingt total bescheuert. Jedenfalls möchte ich auf keinen Fall meine Energie verlieren, egal, wo sie herkommt. Wie soll das gehen – inszenieren ohne Energie? Wenn du keine Energie mehr hast, verwandeln sich deine Kollegen und die, mit denen du an einem Stück arbeitest, in deine Feinde und fallen über dich her.

Aber noch ist genug Energie da. Noch kann ich dagegenhalten. Nur, wie lange noch? Wird es für die *Gebrüder Löwenherz* reichen? Was passiert, wenn ich erst mal eine Arbeit absagen muss? Das spricht sich ruck, zuck rum, und dann bin ich erledigt und bekomme nie wieder einen guten Auftrag. O Mann. Das macht mir Angst.

Ich gehe schnell ein paar Zigaretten rauchen.

Bis später.

Papa

Lieber Matz,

jetzt bin ich doch wieder total vom Thema abgekommen. Aber so geht das den ganzen Tag. Ich denke gerade über etwas nach, und dann kommen auf einmal neue Gedanken dazwischen. Und wieder neue, und am Ende habe ich völlig vergessen, worüber ich ursprünglich nachdenken wollte.

Ich wollte Dir von den anderen erzählen. Von meinem Zimmernachbar zum Beispiel. Wolfgang ist Mitte fünfzig und ein richtiger Meisenprofi. Er kommt einmal im Jahr in die Klinik – weil er sich hier sicher fühlt, sagt er. Er versteht nicht, dass ich mich hier eingesperrt fühle. Das kann ich an seinem fragenden und mitleidigen Blick erkennen.

Ich könnte mir vorstellen, dass Petra Dich genauso ansieht, wenn Ihr Euch im Treppenhaus begegnet. »Ach, der arme Matz! Der Papa ist ja jetzt in der Klapse.« Genau diese fragenden und mitleidigen Blicke haben mich hier reingetrieben. Ich habe das nicht mehr ausgehalten. Die Leute sorgen sich wirklich, ich weiß. Aber es tut mir weh. Wenn man einen Löwen mitleidig ansieht, weil er von der Natur gezwungen ist zu morden, wird auch kein Kaninchen aus ihm. Andererseits: Was ist eigentlich meine Natur? Löwe? Kaninchen? Was bin ich, und was ist die Krankheit? Ich bin dabei, es herauszufinden. Ich möchte allen zurufen, sie sollen sich an ihre eigenen Nasen fassen. Mit ihrer Weltverbesserei bei sich beginnen. Haben doch alle Dreck am Stecken. Aber auf andere zu zeigen ist natürlich einfacher. Auch für mich.

Wolfgang guckt zumindest ein wenig mehr mit Kennerblick. Schließlich hat er auch schon viele mit so einer wilden Meise wie meiner erlebt.

Die Gedanken, die mir in den letzten Wochen durch den Kopf gewirbelt sind, kamen mir wahnsinnig schlau vor. So wie die klügsten Gedanken der Philosophen. Das sind Forscher, die Antworten auf die wirklich wichtigen Fragen des Lebens suchen. Wo kommen wir her? Wo gehen wir hin? Haben wir eine Seele? Gibt es einen Gott? Welchen Sinn hat das Leben? Bei ihrer Suche nach Antworten hinterfragen sie einfach all das, worüber wir uns normalerweise nicht den Kopf zerbrechen. Was wir als gegeben hinnehmen. Insofern bin ich mir jetzt nicht mehr so sicher, ob ich wirklich ein großer Philosoph bin. Denn einer meiner vermeintlich genialen Gedanken war, dass die Welt nur aus Profis und Amateuren besteht. Diese Erkenntnis habe ich aber gar nicht hinterfragt. Sie stand von Anfang an für mich fest und war deshalb wohl eher keine philosophische Eingebung. Egal. Ich finde diese Einteilung in Profis und Amateure trotzdem gut.

Profis sind die, die mit dem, was sie tun, Geld verdienen können – eben weil sie darin gut sind. Wie die großen Fußballstars. Amateure lieben zwar das, was sie tun, sind darin aber nicht gut genug und verdienen kaum oder gar kein Geld damit. Es ist eigentlich nicht weiter schlimm, dass es Amateure gibt. Jeder fängt ja mal als Amateur an. Wenn die aber als Profis daherkommen, also so tun als ob, dann ist das wirklich das Allerschlimmste. Das finde ich dummdreist. Total lächerlich. Die pure Hilflosigkeit ist das. Auch im Theater. So tun als ob. Es gibt ganz viele Schauspieler, die können überhaupt nur »als ob«. Aber das ist doch ihre Aufgabe, magst Du jetzt sagen. Stimmt. Nur darf man davon nichts merken. Ich möchte im Leben und auf der Bühne Menschen sehen, die das, was sie tun, voll und ganz tun. Genau so meinen. Und wenn sie sich dabei verstellen müssen, dann bitte so, dass ich davon nichts mitbekomme. In dem Moment, in dem ich über so etwas nachzudenken beginne, ist schon alles versaut. Ganz oder gar nicht. Alles andere macht mich rasend.

In Berlin war es ganz besonders schlimm. Im Sommer, als die Meise zu mir gekommen ist. Die Profis waren alle im Urlaub, und die Amateure haben das Ruder übernommen. Meine Hände fangen an zu zittern, so doll rege ich mich auf, wenn ich nur an die Wochen in Berlin denke. Ich gehe lieber schnell ein paar Runden durch den Park laufen. Mit Sonnenbrille, denn auch beim Joggen gibt es Leute, die nur so tun als ob. Leben als ob.

Danach geht es mir bestimmt besser.
Wirst schon sehen.
Ich liebe Dich.
Als ob.
Nur Spaß.

Papa

Lieber Matz,

das Laufen hat kaum etwas gebracht. Über eine Stunde bin ich durch den Park gerannt. Als ich wieder auf die Station gekommen bin, hat die Schwester zu mir gesagt, es sei jetzt schon zu spät zum Duschen! O Gott. Ich dachte, gleich drehe ich richtig durch! Dabei sind die Türen zu den Duschräumen ganz dick, und außerdem sind hier eh alle auf Schlaftabletten. Sediert. Durch Verabreichung von Medikamenten ruhiggestellt. Keiner hätte mich gehört. Hätte auch keinen gestört. Ist nur gegen die Stationsregeln. »Wenn ich nicht duschen darf, dann möchte ich sofort einen Arzt sprechen«, habe ich sie angeblafft. »Glauben Sie wirklich, dass das eine tolle Idee ist, wegen so einem Quatsch extra einen Arzt zu rufen?« Und überhaupt: Was denkt sich diese Frau eigentlich? Die sollte im Gefängnis als Aufseherin arbeiten. Scheint ja ein Naturtalent in Sachen Überwachung und Bestrafung zu sein. Sie hat dann beleidigt nachgegeben und ist zurück in ihr Schwesternzimmer gehuscht. Dabei hat sie immerzu an ihrem Schwesternkostüm rumgenestelt. Unsicherheitsgeste. Ich habe gewonnen. Aber allein, wie sie mich anguckt! Bei dem Blick von ihr könnte ich schon wieder durchdrehen. Später, bei der Medikamentenausgabe, hat sie mich dann gar nicht mehr angesehen. Lächerlich, der reinste Kindergarten. Vielleicht sind wir Patienten ja derart kindisch, dass die Pfleger und Schwestern gar nicht anders können, als ihrerseits kindisch zu werden. Färbt vermutlich ab. Sozusagen eine Wechselwirkung. Aber so kindisch finde ich uns ehrlich gesagt gar nicht. Wir sind eher wie Erwachsene, die nicht mehr Kindsein spielen dürfen. Oder die üben sollen, wieder Erwachsene zu sein. Als-ob-Erwachsene. Ganz normal eben. Aber was ist schon normal? Das wissen wir hier alle nicht so genau, trotzdem hält sich jeder für normal. Besonders die, die hier nur zum Arbeiten herkommen.

Vielleicht war es doch ganz gut, dass ich Laufen gewesen bin. Die anderen waren in der Zwischenzeit bei einem Spieleabend in der Spielgruppe! Spieleabend in der Spielgruppe! Das ist wie der Filmfilm der Woche. Oder toll toll. Lieb lieb. Da sitzen sie dann im Kreis herum und spielen *Mensch ärgere dich nicht!*. Ist das nicht komisch? Lauter traurige Menschen sitzen im Kreis und spielen *Mensch ärgere dich nicht!*. Zum Totlachen. Oder zum Weinen. Mir ist das jedenfalls viel zu traurig. Wenn das alles ist, was mir bleibt, habe ich überhaupt keine Lust mehr zu leben. Nein. So ein Leben möchte ich nicht. Aber was ich möchte, weiß ich auch nicht so genau. Ich weiß bloß, was ich nicht will.

Es ist anstrengend, immer anders zu sein. Anders leben zu wollen als die anderen. Immer bestimmt die Mehrheit. Die Gruppe. Die ist hier sowieso ganz wichtig, alles ist Gruppe. Bewegungsgruppe, Kleingruppe, Kreativgruppe und natürlich Gesprächsgruppe. Den anderen hilft das bestimmt auch. Die sind ja völlig überfordert allein. Aber ich habe immer noch so wahnsinnig viel Energie und weiß gar nicht, wohin damit. Und dann soll ich stillsitzen und ein Spiel spielen. Geht gar nicht.

Tagsüber versuche ich, mich irgendwie zu beruhigen. Mit Musik zum Beispiel. Ohne meinen iPod wäre ich längst abgehauen. Er begleitet mich überall hin. In manchen Situationen wird die Musik zu einer Art Filmmusik, die das Klinikgeschehen untermalt. Alles um mich herum wirkt dann, als sei ich mitten in einem absurden Film gelandet. Das ist wie Fernsehgucken, nur ohne Fernbedienung.

Jedenfalls kann ich mich nicht entspannen, wenn diese ganzen armen Kreaturen um mich herum sind. Die Langsamen hier drinnen und die »Als-ob-Menschen« draußen. Die regen mich alle auf. Also muss ich versuchen, ihnen aus dem Weg zu gehen. Sonst knallt's. Das Dumme ist nur, dass die anderen mich einfach nicht in Ruhe lassen wollen. Sie sind in der Überzahl und dauernd wollen sie etwas von mir. Einen Fahrschein, ein Zeugnis, eine Aussage, eine Meinung, eine Erklärung, eine Entschuldigung, ein Gefühl, eine Zusage, eine Verabredung, einen Vertrag oder auch nur eine Idee für ihr langweiliges und immer gleiches Leben. Und dann saugen sie wie Vampire alles Positive und Lustige und all die guten Ideen aus dir raus, bis du genauso so ein schlaffer, mutloser Sack bist wie sie selbst. Denn das ist für sie das Schlimmste: wenn andere besser, schneller, leichter, interessanter, erfolgreicher oder einfach anders sind. Das können sie nicht ertragen. Und deshalb denken sie sich ständig neue Regeln aus, die nur solche Kleingeister wie sie selbst verstehen können. Nur um uns fertigzumachen.

Deshalb ist es ganz wichtig, so wenig Amateure wie möglich in sein Leben zu lassen. Gar nicht so einfach. Da suche ich noch nach dem richtigen Weg.

Als ich hier angekommen bin, hat mich eine Schwesternschülerin gefragt, was ich die Woche über machen will.

»Machen *will*?«

»Na, montags abends gäbe es die Spielgruppe, dienstags nachmittags die Kreativgruppe ...«

»Und was macht man in der Kreativgruppe so?«

»Och, das ist ganz unterschiedlich. Töpfern oder Seidenmalerei ...«

Stopp!

Ich bin 28 Jahre alt. Ich habe Zivildienst in einer Rehaklinik gemacht. Da haben sie so was für die armen alten Menschen veranstaltet. Grauenhaft. Zwanzig vom Leben gebeugte Gestalten hängen über Töpfen mit Farbe in Pastelltönen. Fand ich für Rentner schon demütigend, aber für mich? Undenkbar. Außerdem: Wer soll diese scheußlichen Tücher hinterher eigentlich tragen? Darüber macht sich niemand Gedanken! Bei den Patienten im Krankenhaus mangelte es meist an Angehörigen und somit an potentiell zu Beschenkenden. Also haben sie sich die Tücher selbst umgebunden. Sah toll aus, zum Bademantel oder Trainingsanzug.

Ich weiß, darum geht es auch gar nicht. Es geht um das Machen. Darum, sich auszudrücken. Trotzdem. Ich finde, der Träger sieht doch hinterher selbst aus, als hätte er eine Meise. Furchtbar. Amateurkunsthandwerk eben. Schlimm. Das ist wie bei der Kunstmeile in der Osterstraße, wo in jedem Schaufenster die Scheußlichkeit eines anderen Amateurs ausgestellt wird. Wochenlang kann man nicht mehr einkaufen gehen, ohne von irgendeiner kleingeistigen Künstlerphantasie angefallen zu werden. Körperverletzung ist das.

Außerdem bin ich völlig ungeeignet fürs Basteln. Da fehlt mir die Geduld.

»Ja, also dann vielleicht eher Gruppengymnastik?«

O bitte! Das wird ja immer schlimmer. Vielleicht noch Aqua-Jogging mit Schwimmnudel, wie? Alles hat seine Grenzen. Meine verläuft genau hier. Ich habe mich noch nicht aufgegeben. Ich kann mich noch schämen. Oder wieder? Hatte ich nicht gerade meine Scham verloren?

Das ist mir alles zu peinlich. Würdelos. Wie in der Schauspielschule. Mittwochs morgens um neun Uhr lagen wir immer zu zehnt in einem winzigen Kämmerlein. Jeder auf einer Isomatte. Der Raum war viel zu heiß und stank nach fremden Füßen. Und dann sollten wir uns über die Tiefenatmung richtig entspannen. »Und jetzt ganz tief in den Bauch atmen. Spürt, wie sich eure

Bauchdecke hebt. Und jetzt langsam ausatmen.« Zehn junge Menschen stöhnten mit ihrer etwas aus dem Leim gegangenen Gesangslehrerin um die Wette.

Als ich dann im Improvisationsunterricht auch noch eine Teekanne und einen Mixer »spielen« sollte, war für mich die Sache mit der Schauspielerei erst mal abgehakt. Damit wollten sie uns beibringen, das Gefühl der Peinlichkeit zu überwinden. Als Mixer?

Amateurtheater. Amateurhandwerk. Selbst auf der Schauspielschule.

»Ich weiß genau, was ich kann und was nicht.«

Mut entwickelt man schließlich nicht notwendigerweise, indem man sich lächerlich macht. Oder meinst Du, dass Du besser vom Drei-Meter-Brett springen kannst, wenn Du vorher mit heruntergezogener Badehose im Ententanz durch das Schwimmbad gewackelt bist? Dazu braucht man auch gar keinen Mut, sondern nur die Fähigkeit, würdelos zu sein. Und das darf man nicht werden, noch nicht einmal, wenn man auf der Bühne einen würdelosen Menschen verkörpert.

Nein. Das brauche ich nicht. Es ist schlimm genug, wenn man an einer Rolle scheitert. Und auch ganz normal. Aber ich muss mich nicht zum Affen machen, indem ich einen Mixer darstelle. Oder mit Pastellfarben auf Stoffquadraten herumkleckse. Da setze ich mich lieber mit meinem Zeichenblock in den Park und übe für mich allein. Ich bin schlecht im Zeichnen. Ein richtiger Amateur. Und solange das so ist, möchte ich damit niemanden belästigen. Ich wäre so dankbar, wenn die Leute ihr Halbwissen und Halbkönnen und ihre gesamte Halbheit für sich behalten könnten. Klaus Harms hat einmal geschrieben: »Die Halbheit taugt in keinem Stück, sie tritt noch hinters Nichts zurück.« Das habe ich sofort verstanden.

Ich weiß, die meinen es alle nur gut. Aber gut gemeint haben es in letzter Zeit zu viele mit mir. Nur, dass keiner wirklich versteht, was mit mir abgeht.

Deshalb schreibe ich Dir, mein Junge. Damit Du das eines Tages verstehst. Vielleicht ist das jetzt alles ein bisschen viel. Ich erwarte auch gar nicht, dass Du es jetzt liest. Irgendwann. Später. Aber ich möchte, dass Du das alles von mir selbst erfährst. Nicht aus zweiter oder dritter Hand. Sonst kommt nämlich am Ende nur noch Quatsch raus, wie bei der »Stillen Post«.

Wenn ich ehrlich bin, dann tun das Gutmeinen und dass sich alle solche Sorgen machen richtig weh. Denn was soll ich damit anfangen? Es macht mich traurig, weil ich das Gefühl habe, dass niemand mehr normal zu mir ist. Alle sehen mich so besorgt an. »Der ist krank im Kopf. Der hat was.«

Mir macht das Angst. Aber scheinbar mache ich vor allem den anderen Angst. Stimmt das? Mache ich Dir Angst? Vielleicht. Dabei ist das das Letzte, was ich will. Den Menschen, die ich am meisten liebe, Angst machen. Ich würde Dich das jetzt alles gerne persönlich fragen. Aber wahrscheinlich hättest Du gar keine Antworten auf meine Fragen. Oder würdest nicht verstehen, warum mich das so quält. Außerdem bist Du ja gar nicht hier.

Mami hat Dich zu Omi gebracht, und das ist auch gut so. Weil ich mich gerade nicht um Dich kümmern kann und weil Mami arbeitet. Für einen Film, in dem erwachsene Männer Zwerge spielen. Das finde ich vollkommen verrückt.

Aber gut. Ich muss mich jetzt um mich selbst kümmern. Mich selbst in den Griff kriegen. Weil ich gerade nicht wie ein Erwachsener bin. Eher wie ein riesiges unendlich anstrengendes Kind. Hyperaktiv. Das ist so ein Begriff, den Erwachsene heutzutage für jedes etwas lebhaftere Kind verwenden. Eigentlich müsstest Du ihn auch schon gehört haben. Überaktiv könnte man genauso gut sagen. Außerdem bin ich maßlos. Und verantwortungslos. Wie soll ich mich da um Dich kümmern können? Obwohl ich Dir sicher ein wunderbarer Spielkamerad wäre. Ich wäre für jeden Unsinn zu haben.

Es gelingt mir jedoch kaum, mich um mich selbst zu kümmern. Ein bisschen habe ich nicht nur die Verantwortung für Dich, sondern auch die Verantwortung für mich abgegeben. Dabei möchte ich nichts so sehr als einfach nur Dein Papa sein. Aber das schaffe ich im Moment nicht. Mir geht so viel durch den Kopf und durch das Herz. Ich bin sprunghaft, kann nicht stillsitzen. Ich muss mich die ganze Zeit bewegen. Etwas in mir vibriert, brennt, zittert und treibt mich an. Als wäre ich vor etwas auf der Flucht. Nur vor was? Oder vor wem? Vor den Amateuren?

Das ist nicht adäquat. Eines meiner Lieblingswörter der vergangenen Wochen. Angemessen heißt das. Ich habe meine Welt nicht nur eingeteilt in Profis und Amateure, sondern auch in »angemessen« und »unangemessen«. Für mich als Profi muss natürlich alles adäquat sein. Wenn ich es mir recht überlege, halte ich das auch jetzt noch so.

Ich glaube, ich habe Muskelkater im Kopf.

Ich bin kaputt.

Später mehr.

Papa

Lieber Matz,

ich war im Park und wollte mich anschließend kurz hinlegen, aber in unserem Zimmer hielt Wolfgang schon seinen Mittagsschlaf. Er schnarcht etwas. Nur etwas, aber ich bin so empfindlich, dass ich es nicht aushalten kann. Abends versuche ich immer, vor ihm einzuschlafen, was ganz gut klappt. Bisher. Dank der Schlaftabletten. Das klingt ja, als würde ich ein ständiges Loblied auf die Schlaftabletten singen. Dabei ist es nicht ungefährlich, wenn man dauernd welche nimmt, aber ohne sie würde ich momentan durchdrehen. Wie ein Hamster im Laufrad überhaupt keine Ruhe finden.

Kurz bevor ich hierhergekommen bin, war ich ein Wochenende lang in einer Kurklinik in einem Schloss am See. Da war hier noch kein Zimmer frei, und Du warst schon bei Omi. Sie wohnt ganz in der Nähe, und deshalb bin ich noch auf einen Sprung bei Euch vorbeigekommen. Ich bin mit meinem vollgepackten roten Strich-Achter-Mercedes und Tränen in den Augen vorgefahren. Du hast zum Abschied gar nicht mehr gewunken, weil Du schon wieder mit Spielen beschäftigt warst.

Ich war ausgerüstet wie für eine mehrwöchige Reise. Hatte meine nagelneue Tennisausrüstung dabei, den roten Koffer, einen Kleidersack aus dem KaDeWe in Berlin mit meinem schwarzen Armani-Anzug. Einen Gitarrenkoffer mit der Westerngitarre, die mir Mami erst eine Woche zuvor zum Geburtstag geschenkt hatte. Und unzählige Bücher und DVDs, die ich nachts im Internet bestellt hatte. Das ganze Zeug passte gerade so in den Kofferraum.

Den Wagen hat mir übrigens Bernhard Bim Bam, wie Du Deinen Opa nennst, überlassen. Bernhard ist mein Stiefvater. Das Wort mag ich aber nicht. Ich finde, bei Stiefvater oder Stiefmutter denkt man immer an etwas Bösartiges. Wie im Märchen eben. Bernhard ist höchstens dann bösartig, wenn er Hunger hat. Das kann ich allerdings sehr gut verstehen. Geht mir genauso. Bernhard hat ein gutes Händchen für Autos. Den Strich-Achter hat er irgendwo bei Pinneberg aufgetrieben. Ich war sofort hin und weg. Baujahr '74, also nur drei Jahre älter als ich. 2,3 Liter, Automatikgetriebe, Schiebedach und ein riesiges Lenkrad. Der Wagen ist schwer und gleitet durch die Straßen wie ein dickes Schiff.

Eine adäquate Karosse für Herrn Schlösser. Passend zu meinem ganzen Auftritt: rasiert, frisches Hemd, geputzte Schuhe, ganz so, wie Bernhard mir das vorgelebt hat. Und weil ich längere Zeit schon kein Auto mehr hatte, was für Bernhard das Unvorstellbarste überhaupt war, hat er mir den Wagen einfach überlassen. Seitdem ist er mein ganzer Stolz.

In der Klinik in Warnstorf war es wunderschön. Ich hatte ein großes Zimmer mit Blick auf den See. Das Essen war hervorragend. Weil die anderen Patienten hauptsächlich zum Abnehmen dort waren und mit Schonkost vorliebnehmen mussten, war ich einer der wenigen, der drei Gänge Vollkost schlemmen durfte. Neidische Blicke vom Nachbartisch auf den Jungspund mit Burnout-Diagnose. Grauhaarige Tonne mit traurigen Augen. Mir schmeckt es gleich doppelt so gut. Burn-out heißt übrigens, dass man total erschöpft ist. Ausgebrannt. Die meisten Menschen bekommen ein Burn-out, weil sie zu viel arbeiten. Oder eine Arbeit haben, die noch den letzten Rest Energie aus ihnen heraussaugt.

Dass das nur die halbe Wahrheit ist, das ist mir schon klar. Ich bin zwar tatsächlich innerlich ausgebrannt, weil die vergangenen Jahre im Theater so aufreibend waren. Das ist übrigens auch eine Erklärung, die Wissenschaftler für meine Meise haben. Die Umstände. Der Stress. Der ungesunde Lebenswandel. Wenig Schlaf. Viel Alkohol oder andere Drogen. Das hatte ich alles reichlich. Aber ich kann auch jetzt, obwohl ich den ganzen Stress nicht mehr habe, den Aus-Schalter nicht finden. Ich drehe mich wie ein Kreisel weiter um mich selbst. Andererseits entspricht mein Zustand – meine Unruhe, meine Reizbarkeit, meine verstärkten Gefühle, meine Schlaflosigkeit, meine Schwierigkeiten, mich auf eine Sache zu konzentrieren – genau dem Krankheitsbild einer sogenannten manischen Phase. Das ist die wilde Seite der Meise. Während sie in einer depressiven Phase ganz still und ruhig ist und man nur antriebslos vor sich hin dämmert, flippt die Meise in der manischen Phase richtig aus. Ist schon komisch, wenn dir ein Arzt plötzlich erklärt, dass du dich so oder so verhältst, weil in deinem Gehirn diese oder jene Moleküle nicht richtig aufeinander eingestellt sind. Entscheide ich also gar nicht selbst? Das ist schwer vorstellbar. Wie eine Marionette, die mit den Armen und Beinen zuckt, wenn der Puppenspieler an den Fäden zieht. Bei mir hat meistens die Meise die Fäden in der Hand.

Glücklicherweise gab es dort in der Klinik eine sehr nette Meisendoktorin, Frau Irene von Weiter. Ich habe ihr erzählt, was in den letzten Wochen und Monaten alles passiert ist. Sie hat mir einen Aufenthalt in der offenen psychiatrischen Abteilung im Eppendorfer Krankenhaus empfohlen, dem Ort, an dem ich jetzt gelandet bin. Ich bin also auf dem richtigen Weg, auch wenn die Meise mich mal hierhin, mal dorthin reißt.

Manchmal erinnere ich mich zum Beispiel ganz plötzlich an eine Person oder ein Ereignis aus der Vergangenheit und habe das Gefühl, ich müsste etwas gutmachen. Etwas geradebiegen. Korrigieren. Und zwar sofort. Dann wünsche ich mir, ich könnte in die Vergangenheit reisen. Das ist ein vollkommen neues Gefühl, denn eigentlich möchte ich in meinem Leben nichts bereuen. Habe ich bisher auch nicht. Bis jetzt.

Aber natürlich findet man, wenn man mal genauer hinsieht, eine ganze Menge Dinge, die im Lauf der Zeit schiefgegangen sind. Große und kleine Sachen.

Dass man mal gemein oder blöd war. Dass man jemandem sehr weh getan hat. Oder dass man einfach aus dem Leben eines anderen verschwunden ist, ohne sich richtig zu verabschieden. Einfach abgehauen ist. So war es zum Beispiel mit Sophie. Du hast sie einmal auf dem Spielplatz kennengelernt. Ist schon länger her. Wir haben zusammen Murmeln gespielt. Kannst Du Dich erinnern? Ich habe sie früher, bevor ich Mami getroffen habe, sehr liebgehabt. Irgendwann haben wir aber nur noch gestritten und ganz vergessen, dass wir uns eigentlich sehr lieben. Wir waren beide sehr unglücklich. Ich hatte gerade angefangen im Theater zu arbeiten und habe unheimlich viele neue Leute kennengelernt. Vor allem auch andere Frauen. Und die fand ich alle spannend, lustig und frei. Genau das Gegenteil der verklemmten Spaßverderber, mit denen ich groß geworden bin.

Habe ich Dir davon schon mal erzählt? Von Niendorf? Du warst selbst schon einmal dort. Im Niendorfer Gehege. In einem Vorort wie diesem herrscht eine ganz spezielle Stimmung, die ein Gefühl von heiler Welt vermittelt. Genau diese heile Welt suchen die Bewohner auch, sie bewahren sie mit ihren sorgfältig geharkten Gehwegen, dem fein gestutzten Rasen und den jahreszeitlich geschmückten Küchenfenstern. Weil sie aber in ihrem tiefsten Inneren ganz genau wissen, dass die Welt nicht so heil ist, wie sie sich das vorstellen, haben sie Angst. Angst davor, aus diesem Paradies vertrieben zu werden. Nicht mehr mitmachen zu dürfen. Und genau diese Angst richten die vermeintlich so freundlichen und gut erzogenen Menschen nun gegen alles, was sie nicht verstehen. Was ihnen fremd ist. Und das ist eine ganze Menge. Ich habe diese Angst immer sehr deutlich gespürt. Weil ich anders war, weil ich Veränderung wollte, Neues spannend fand. Sophie ging es genauso. Sie ist nur ein paar Straßen entfernt von mir groß geworden. Wir konnten beide nichts mit dieser »Als-ob-Welt« anfangen. Vielleicht hatten wir deshalb von Anfang an einen so starken und intensiven Draht zueinander, wie man das nur ganz selten im Leben erfährt.

Aber dann war da auf einmal Deine Mami. Wir haben uns das erste Mal auf einer Probe gesehen. Ich war Regieassistent, also der Gehilfe von dem, der alles bestimmt. Mami war Maskenbildnerin. Im alten Autokino in Billstedt sollte ein kleiner Film gedreht werden, ein Einspieler für das Stück *Der Reigen* von Arthur Schnitzler. Darin geht es passenderweise um Liebespaare, die immer von einem Partner zum nächsten wechseln.

Ich habe mich gleich in Ada verliebt. Kein Wunder. Sie wirkte bei der Arbeit wie ein absoluter Profi! Das konnte man sofort sehen. Und wunderschön war sie noch dazu. Kurz nach unserer ersten Begegnung hatte sie leider schon ihren letzten Arbeitstag, beziehungsweise ihre letzte Arbeitsnacht, weil sie ganz zum Film gehen wollte. O nein, habe ich gedacht. Das darf nicht sein. Wir haben uns doch gerade erst kennengelernt. Das habe ich ihr dann auch gesagt. Wir haben den ganzen Abend zusammengesessen und meine Fortuna-Zigaretten geraucht. Und weil Ada mich auch wiedersehen wollte, haben wir uns von da an öfter getroffen.

Aber wie sollte ich das jetzt Sophie erklären? Neu verliebt in Deine Mami und noch ganz viel Restliebe für Sophie? Gar nicht so einfach. Ich hatte Angst, Sophie von Ada zu erzählen, denn ich wusste ja, dass es ihr weh tun würde. Das wollte ich nicht, und trotzdem musste es sein. Am Ende war ich aber doch zu feige für die ganze Wahrheit. Ich habe Sophie erzählt, dass ich sie nicht mehr liebe. Und dass ich in nächster Zeit allein bleiben wollte. Zeit für mich bräuchte. Das stimmte natürlich nicht. Ich wollte Zeit mit Ada verbringen. Dass ich Sophie nicht mehr liebhatte, stimmte auch nicht. Denn nur, weil man einen neuen Menschen kennenlernt und sich verliebt, sind ja nicht alle Gefühle für den anderen erloschen. Das geht gar nicht. Man ist vielleicht traurig oder wütend, aber einen Platz im Herzen hält der andere schon noch besetzt. Und das bleibt so. Alles andere wäre auch komisch.

Ich hätte ehrlich sein sollen. Das wäre ich Sophie schuldig gewesen. Deshalb habe ich ihr gegenüber ein schlechtes Gewissen zurückbehalten. Ganz tief im Herzen. Wie eine Klette, die sich nicht abschütteln lässt. Ich wusste, eines Tages würde ich sie um Verzeihung bitten müssen, sonst würde ich die Klette in meinem Herzen nie loswerden.

Das habe ich neulich getan, kurz bevor ich hier gelandet bin. Ich bin im strömenden Regen um die Außenalster gelaufen, und Max Herre hat die ganze Zeit

Schön, dass du wieder da bist, wir haben uns lang nicht mehr gesehen, ich wusste, dass du eines Tages wieder vor meiner Türe stehst in mein Ohr gesungen. Er singt das Lied zusammen mit seiner Freundin. Sie hat eine ganz rauchige Stimme, genau wie Sophie. Nach dem Duschen bin ich dann zu ihr gefahren. Mami lag schon im Bett und hat mich gefragt, wo ich hingehe. Ich habe gesagt, Sophie habe noch ein wichtiges Buch von mir und dass ich das jetzt holen müsse. Das hat auch gestimmt. Eine Erstausgabe von den *Buddenbrooks* von Thomas Mann, die mir Mima geschenkt hat. Sie hatte eine Tante, die zur selben Zeit in Lübeck lebte wie Thomas Mann. Diese Tante hat handschriftlich im Buchdeckel notiert, wer mit welcher Figur im Roman übereinstimmt. Ada hat müde und bedrückt ausgesehen, aber ich war wie ferngesteuert. Es gab keinen Zweifel. Ich habe mich weder geschämt, noch hatte ich Mitleid mit Mami. Dass ich ihr damit weh tue, habe ich gar nicht gemerkt.

Jetzt, wo ich darüber nachdenke, erinnert es mich an Dich. Ich habe Dich schon oft mit Freunden kämpfen sehen. Wenn dann einer weint, sagen wir immer, dass Du Dich entschuldigen sollst. Tust Du dann auch. Aber Du meinst es nicht wirklich so. Das kann man Dir ansehen. Du machst es nur für uns. Weil Du Dich im Recht siehst. Ich habe mich auch im Recht gesehen. Wenn man überhaupt von Recht sprechen kann.

Das Wiedersehen mit Sophie war furchtbar schön. Und komisch. Es hat weh getan und war fremd. Gleichzeitig haben wir uns sofort wiedererkannt. In unserer

Zuneigung. In dem, was wir einmal füreinander waren. In der Verbundenheit. Wir sind mit dem Mercedes endlos durch die Vollmondnacht gefahren.

Eigentlich hatte ich mit diesem Treffen etwas in Ordnung bringen wollen. Jetzt ist es noch komplizierter als vorher. Nicht nur mein Kopf ist voller Gedanken, ich glaube, mein Herz läuft auch noch über. Wie ein zu schnell gezapftes Bier.

Verzeih mir.

Prost.

Papa

Hallo Matz,

heute habe ich Angst. Ich bin schon damit aufgewacht.

Was ist, wenn im Theater alle Bescheid wissen? In zwei Wochen soll ich nach Essen, als Hausregisseur. Die haben doch bestimmt alle mitbekommen, was in Berlin passiert ist. Das habe ich Dir noch gar nicht erzählt. Weil ich es so oft erzählen musste in letzter Zeit: einem Nervenarzt in Hamburg, der Meisenfrau in Warnstorf, drei oder vier verschiedenen Ärzten hier im UKE und unzähligen Freunden und Bekannten. Ich kann es selbst schon nicht mehr hören. Aber ich werde mir noch einmal Mühe geben. Für Dich.

Wo fange ich an? Am besten mit meinem Beruf. Regisseur. Am Theater. Dazu bin ich eher zufällig gekommen, eigentlich hatte ich Schauspieler werden wollen. Ich habe Dir ja schon geschrieben, dass das mit der Schauspielschule nichts für mich war. Glücklicherweise hatte ich bereits eine Hospitanz am Altonaer Theater gemacht und dabei Roland kennengelernt. Er war Regieassistent, und wir haben uns sehr gut verstanden. Auch nach der Hospitanz haben wir uns nicht aus den Augen verloren. Während ich vorsprechen ging und schließlich an einer privaten Schauspielschule landete, wurde Roland Dramaturgieassistent am Deutschen Schauspielhaus. Als meine Versuche, an eine staatliche Schule zu wechseln, scheiterten, hat mich Roland dann für ein Praktikum ans Deutsche Schauspielhaus geholt, und dort ging alles ganz schnell.

Anfangs war ich noch der schüchterne lange Lulatsch in der Trainingsjacke, der den Kaffee kocht. Aber schon ein paar Wochen später stand ich mit dem neuen Ensemble auf der großen Bühne. Bei der Eröffnungspremiere, dem Startschuss zur neuen Spielzeit. Das ist so, als dürfte ein Spieler aus der A-Jugend auf einmal bei den Profis in der Bundesliga mitspielen. Praktikum vor Publikum.

Das Stück hieß *The show must go on*.

Im Parkett direkt vor der Bühne saß ein DJ und legte nacheinander neunzehn CDs mit jeweils einem bekannten Popsong auf. Die Menschen auf der Bühne machten genau das, was im Refrain des Liedes gesungen wurde. Sie kamen bei *Come together* zusammen, fingen bei *Let's dance* an zu tanzen und so weiter. Alle taten das Gleiche, aber eben nicht dasselbe. Das war wunderschön anzusehen – zwar hat es den Schauspielern wenig Freiraum gelassen, aber dafür war nichts vorgekaut. Und damit hatten die meisten Zuschauer ein Problem. Ada fand es auch bescheuert. Schon bei der Premiere kam es zu Tumulten.

Ausgedacht hatte sich das Ganze ein französischer Choreograph. Komiker müsste man besser sagen. Denn statt uns seine Kritik nach den Proben einfach mitzuteilen, hat er uns alle nachgespielt. Entlarvend und deshalb für einige Kollegen auch nicht ganz einfach.

Danach habe ich als Assistent von verschiedenen Regisseuren gearbeitet. Lehrjahre im Publikum. Ein Jahr später durfte ich bereits meine erste eigene Inszenierung machen. Gesellenjahre vor Publikum. *Nicht nichts* hieß das Stück, bei dem ich zum ersten Mal alles selbst bestimmen durfte. Darin geht es um zwei verzweifelte junge Menschen, die nicht zueinanderfinden, weil sie sich selbst im Wege stehen. So, wie es jetzt mir ergeht. Ich stehe sozusagen zwischen mir und mir und zwischen mir und Euch.

Das ganze Projekt lief unter dem Stichwort Jugendtheater. Es war also »Nachwuchsarbeit«, und deshalb waren wir etwas weniger unter Druck. Das Stück ist in einer Schreibwerkstatt im Haus entstanden, und ich hatte es bei seiner Vorstellung vorlesen dürfen. Hinterher fragte mich der Theaterpädagoge, ob ich die Regie übernehmen wolle. Nachdem auch der Intendant die Sache abgenickt hatte, war es so weit: Ich hatte endlich mein erstes eigenes Stück. Und ich hatte die perfekte Besetzung und zwei zauberhafte Damen zu meiner Unterstützung. Rike für die Ausstattung und Edith als Assistentin.

Zum ersten Mal stand auf dem Probenplan zu lesen:
Linke Spalte:
Nicht nichts
Kleine Probebühne
Schlösser
Meier

Rechte Spalte:
10-15 Uhr
Szenische Probe
Bartschneider/Henning
Einfach der Wahnsinn!

In dem Stück spielt eine Telefonzelle eine zentrale Rolle. Da wir keine echte auf die Bühne stellen wollten, haben wir einfach eine abgefilmt. Natürlich nicht irgendeine, sondern eine, die ganz verlassen auf der Veddel steht. Im Hintergrund rauchten die Schornsteine der Hafenindustrieanlagen.

Den Premierenabend werde ich nie vergessen. Ich spürte eine Form der Aufgeregtheit, die mich vollkommen überwältigte und mit nichts, was ich bisher erlebt hatte, vergleichbar war. Alle waren da. Meine Familie, meine Freunde und ein paar Leute vom Schauspielhaus, die mich mochten. Ein Gefühl wie Geburtstag, Weihnachten und Silvester an einem Tag. An einem Abend!

Nach dem kleinen Erfolg mit *Nicht nichts* war ich natürlich heiß auf das nächste eigene Projekt. Obwohl mir das Assistieren, vor allem bei Frisch, sehr viel Spaß gemacht hat. Frisch ist eine Legende in der Welt des Theaters und war in meiner zweiten Spielzeit als Assistent ans Deutsche Schauspielhaus in Hamburg gekommen. Ich habe ihm bei vier seiner Arbeiten assistieren dürfen, und es war jedes Mal grandios. Aber selber machen ist einfach was anderes. Das hast Du ja auch gleich eingefordert, kaum dass Du sprechen konntest: »Papa, selber machen!«

Wenn man ein junger Regisseur ist, dann muss man um seine Chance wirklich kämpfen. Da wartet niemand auf dich. Es kommt auch niemand zu dir und sagt: »Sebastian, wir finden, du solltest jetzt dieses Stück mit jenen Schauspielern machen und nächste Spielzeit dann Folgendes mit den und den Kollegen.« So läuft das nicht. Auch wenn ich mir das, ehrlich gesagt, so vorgestellt hatte. Vor allem, weil ich ja so dicht dran war. Mittendrin und doch auch wieder nicht.

Einmal in der Woche gab es eine Sitzung, in der das Programm der nächsten Tage und Wochen besprochen wurde. Alle Abteilungsleiter kamen zusammen, also von Bühne, Ton, Licht, Kostüm und Maske. Dazu die Dramaturgen – das sind die, die sich überlegen, welche Stücke man aufführen könnte und mit wem –, deren Assistenten und die der Regie. In diesen Sitzungen wird genau festgelegt, wer bei welchem Stück für was zuständig ist und wer wann auf welcher Bühne probt. Das ist ganz wichtig, da ja ständig irgendein Stück geprobt wird, bei einem anderen schon Endproben laufen und wieder andere Premiere haben. Da kann man schnell den Überblick verlieren. Außerdem gibt es nebenbei noch jede Menge zu organisieren: Schauspieler und Regisseure, die nicht zum festen Ensemble gehören, müssen engagiert, untergebracht und bezahlt werden. Programmhefte und Plakate müssen geschrieben und gestaltet werden, Bühnenbilder bestellt oder angefertigt werden. Überall herrscht permanente Geschäftigkeit. Das spürt man schon, wenn man das Theater betritt. Dass es eine große

Maschine ist, die so gut wie nie stillsteht. Und ich mittendrin. Alles prasselt nur so auf einen ein, überall und ständig. Sogar wenn man in der Kantine beim Mittagessen sitzt. Dort hängt ein Fernseher, über den die Aufnahmen der Bühnenkamera flimmern. Man sieht, was gerade geprobt, ab- oder umgebaut wird. Wenn man will, kann man immer alles mitbekommen. Und ich wollte. Wie ein Schwamm habe ich alles aufgesaugt – die ganze Stimmung am Theater, die ganzen Eindrücke und Informationen.

Ich wollte unbedingt ein weiteres eigenes Stück machen. Das hatte ich mir mit meiner ersten Arbeit auch verdient, schließlich war ich damit sogar zum Kinder- und Jugendtheatertreffen in Halle eingeladen worden. Weil mein Wunsch aber lange ungehört im Raum stehenblieb und ich dringend weitere Erfahrungen als Regisseur in dieser geschützten Atmosphäre sammeln wollte, wusste ich irgendwann keinen Ausweg mehr und habe meine Kündigung geschrieben. Ganz spontan. Zehn Minuten nachdem ich sie bei der Sekretärin des Intendanten abgegeben hatte, wurde ich zu ihm gerufen. Er hat mich gleich angemeckert. Was mir einfiele! Dann hat er die Kündigung zerrissen und gesagt, ich solle mich mal entspannen. Er würde sich schon kümmern.

Das hat mich gefreut. Aber auch geärgert. Warum muss man denn erst seine Kündigung auf den Tisch knallen, bis einem die Wertschätzung entgegengebracht wird, die man zu verdienen glaubt? Dass ich ein eigenes Stück verdiente, stand für mich außer Zweifel. Stell Dir vor, er hätte die Kündigung tatsächlich angenommen. Ich hätte gar nicht gewusst, was ich dann gemacht hätte. Nun. Weitere zehn Minuten später hatte ich genau das richtige Stück vor mir auf dem Tisch. *Dreier* von Jens Roselt. Bingo. Am nächsten Tag stand bereits die Besetzung. Das war wieder so eine glückliche Fügung, dass meine drei Lieblingsschauspieler gerade frei waren. Normalerweise sind die immer mindestens ein halbes Jahr im Voraus verplant. Das ist wie mit Lucas aus Deinem Hort. Der ist doch auch immer schon verabredet. Egal, wann man fragt, der hat nie Zeit. Der Premierentermin stand ebenfalls schnell fest: 23. 01. 2003! Zweimal 23 in einem Datum. Meine Glückszahl. Das konnte gar nicht schiefgehen.

Auf der Premiere haben Mami und ich uns übrigens das erste Mal in der Öffentlichkeit geküsst. Ein echter Glückstag, sag ich doch. Bis dahin war nicht wirklich viel zwischen uns passiert, wir sind monatelang umeinander herumgeschlichen. Es war überhaupt eine wahnsinnig aufregende Zeit. Nicht nur wegen Ada, sondern auch wegen des Stücks. Die Proben waren einfach toll. Ich habe Onkel Kourosh die Hälfte meiner Gage gegeben und hatte somit den besten Assistenten der Welt. Außerdem hatten wir eine zauberhafte Hospitantin. Die kleine Anna. Wir haben wirklich viel miteinander ausprobiert. Haltungen. Zustände. Formen. Die Arbeit war großartig, weil wir uns vertraut haben. Deshalb war die andere Anna, die Ausstatterin, auch nicht böse, als wir kurz vor der Premiere noch das Bühnenbild rausgeschmissen haben. Bis auf den Teppichboden und den roten Ledersessel aus der Kantine. Langsam machte ich daraus ein Prinzip meiner Arbeit. Oder war es eher ein Zwang? Denn bei *Nicht nichts* hatten wir ebenfalls kurz vor der Premiere auf zentrale Bühnenelemente verzichtet.

Wir waren eine richtige Bande. So wie Du und Bruno und Otto damals im Kindergarten. Eine Jungsbande, unbesiegbar und aufeinander eingeschworen, da konnte kein anderer dazwischen. Bei uns war das genauso. Das ist im Theater übrigens ganz oft so. Weil man so viel von sich preisgeben muss. Das kann man nur, wenn man den anderen vertraut. Frisch hat immer gesagt, Theater ist wie Archäologie. Nur dass wir nicht nach uralten Fundstücken der Menschheitsgeschichte suchen, im Theater wühlen wir uns durch Texte und graben in uns selbst. Manchmal finden wir etwas. Manchmal ganz viel. Manchmal fast nichts. Weil man aber auf der Suche oft an Grenzen stößt, vor allem an die eigenen, lernt man sich in kurzer Zeit sehr intensiv kennen. Dadurch wächst man zusammen wie eine Familie oder eben wie eine Bande.

Der Abend war ein großer Erfolg. Die Leute haben gar nicht mehr aufgehört mit dem Klatschen, und wir haben alle hinter der Bühne vor Freude und Erschöpfung geweint. Ich bin fast geflogen vor Glück. Ich hätte dieses Gefühl gerne in eine Schachtel getan. Für schlechte Zeiten. Aber erstens bin ich schlecht im Aufheben, und zweitens ist das schlicht unmöglich.

Man wird süchtig nach diesem Gefühl. Man möchte es

immer wieder genau so erleben. Die tollen Proben. Die Liebe zu den Kollegen. Das Verschmelzen mit dem Text. Die Liebe, die einem vom Publikum entgegengebracht wird. Der Applaus, der nicht aufhört. Die Leichtigkeit in Herz und Gemüt. Die Selbstsicherheit.

Aber dieses Gefühl lässt sich nicht festhalten. Es lässt sich auch nicht wiederholen.

Man kann nur daran arbeiten. Es wieder und wieder versuchen.

Ich war mir sicher, dass es mir immer wieder gelingen würde.

Ich habe mich überschätzt. Das weiß ich jetzt.

Und was fange ich mit dieser Erkenntnis an?

Das weiß ich noch nicht.

Papa

Mein lieber Matz,

das Briefeschreiben lässt mich an vergangene Zeiten denken. Mit der Erinnerung kommen auch die Gefühle zurück. Das ist nicht immer schön. Aber es muss sein. Um zu verstehen, warum ich hier gelandet bin.

Nach dem Erfolg von *Dreier* durfte ich schließlich auf der großen Bühne inszenieren. Was für ein Ritterschlag. Assistentenkollegen, die wesentlich älter und auch besser ausgebildet waren als ich, bekamen nicht mal ein Stück auf einer der kleinen Bühnen. Und ich marschierte von der kleinsten Spielstätte direkt auf die große Bühne. Der Intendant traute mir offensichtlich eine Menge zu.

Ich sollte *Das doppelte Lottchen* von Erich Kästner inszenieren. Das haben wir schon zusammen gelesen. Erinnerst Du Dich? Die Geschichte von den zwei kleinen Mädchen, die im Ferienheim feststellen, dass sie eigentlich Zwillinge sind, aber durch die Trennung der Eltern auseinandergerissen worden sind. Am Ende der Ferien beschließen sie, ihre Rollen zu tauschen.

Auch bei dieser Inszenierung hatte ich wieder richtig großes Glück. Eine traumhafte Besetzung, ein Stück mit einer klaren Geschichte und ein Bühnenbildner, der genau so arbeitete, wie ich mir das vorgestellt hatte. Wunderbar schlichte Bilder, alles sah aus wie mit leichter Hand dahingemalt. Das *Doppelte Lottchen* wurde ein großer Erfolg, und ich war der glücklichste Mensch der Welt.

Inzwischen waren einige andere Theater auf mich aufmerksam geworden, und ich fing an, auch außerhalb von Hamburg zu arbeiten. Zuerst in Heidelberg. Dort gibt es einmal im Jahr ein Treffen, auf dem Inszenierungen neuer Stücke vorgestellt werden. Wir wurden mit *Dreier* dorthin eingeladen. Der damalige Intendant bot mir noch am Abend der Aufführung ein eigenes Stück an. Ich war sehr geschmeichelt, denn ich wollte ja nun ein Regisseur sein. Vor allem wollte ich für Euch sorgen können. Mami war mit Dir im siebten Monat schwanger, und wir waren in eine größere Wohnung in meinem Viertel gezogen. Also musste ich Geld verdienen.

Das Stück hieß *Späte Wut*. Der Mann, der es geschrieben hat, war zu dieser Zeit Schauspieler, Regisseur, Oberspielleiter und Autor. Ein richtiger Tausendsassa. Die Österreicher sagen Wunderwuzzi zu solchen Leuten, die so viele Begabungen haben, dass sie eigentlich gar nicht unter einen Hut passen können. Wunderwuzzi finde ich klasse.

Mich hat das Stück unfassbar angestrengt. Eine gänzlich absurde Geschichte über eine ältere Frau und einen jungen Mann, die sich auf einem Friedhof begegnen. Was die beiden dort miteinander bereden, kann ich Dir gar nicht mehr wiedergeben. Der Inhalt ist auch damals schon an mir vorbeigeflogen. Schließlich stand Deine Geburt unmittelbar bevor, und das war das wahre Ereignis in meinem Leben: Vater werden.

Sechs lange Wochen war ich mit meinen Kollegen in der Zuckerbäckerstadt Heidelberg. Die Stadt sieht genau so aus, wie sich amerikanische Touristen eine alte deutsche Stadt vorstellen. Mit verwinkelten Gassen, Fachwerkhäusern und einer Burg hoch über dem Fluss. Dementsprechend voll ist es. Morgens auf dem Weg ins Theater musste man sich schon durch Heerscharen von Urlaubern in Trainingsanzügen schlängeln. Die marschierten selbst bei eisigen Temperaturen in kurzen Hosen durch die Gassen und benahmen sich wie in Disneyland. Kennen ja auch nichts anderes.

Anna hat – wie schon bei *Dreier* – das Bühnenbild und die Kostüme gemacht. Mit ihr und ihrer kleinen, anderthalbjährigen Tochter habe ich übrigens zusammengewohnt, während Du in Hamburg in Mamis Bauch kräftig herumgestrampelt hast. Wir teilten uns eine Wohnung wie eine Familie, und ich war für die kleine Minna auf einmal eine Art Papa-Ersatz, obwohl ich selbst noch gar keiner war. Ein Papa-Trainingslager. Es hat die Sehnsucht nach meiner eigenen Familie jedenfalls ziemlich verstärkt. Ich habe auf Dich gewartet, Dich erwartet, während ich den Schauspielern dabei zusah, wie sie ihren Text lernten.

Am Abend vor Deiner Geburt hatten wir den ersten Durchlauf auf der Bühne. Der Intendant und der

Autor waren auch da. Der junge Schauspieler, der die männliche Hauptrolle spielte, hatte wirklich ernsthafte Probleme mit dem Text, alles wirkte unecht und künstlich. Ich habe es kaum geschafft, ihm ein natürlich klingendes Wort zu entlocken. Also habe ich ihn gebeten, das Stück in seinem Heimatdialekt aufzusagen. Das ist bei schwierigen Texten ein ganz guter Trick, damit man beim Spielen nicht mehr nachdenkt. Einfach drauflosquatschen. Gerade als ich dachte, dass sich etwas tut bei ihm, dass er lockerer wird, fängt der kleine Intendant in der letzten Reihe an zu schreien. Mit seiner hohen Stimme kreischt er mich an. Wie Pumuckl. Was uns einfiele. Nichts könne man vom Text verstehen. Und überhaupt sei es so dunkel auf der Bühne, dass man auch nichts sehen könne. Wenn wir die Leute aus dem Theater jagen wollten, seien wir auf dem besten Weg.

Damals haben mich diese Respektlosigkeit und Oberflächlichkeit tief verletzt. Als Assistent hatte ich solche Situationen schon oft miterlebt. Aber da waren immer andere gemeint gewesen. Das lernt man auch auf keiner Schule. Mit unangemessener Kritik umgehen. Wo ich mich schon mit angemessener Kritik schwertue. Ich habe mich gefühlt wie Du, wenn ich Dich zu Unrecht anschnauze: kurz vor den Tränen.

Ich habe tief Luft geholt und dem Intendanten den Stand der Dinge erklärt. Dass der Junge es schwer hat gegen die routinierte Kollegin. Dass es nur eine Lichtstimmung gibt, die über die Länge des Stücks immer heller wird. Zum Glück war der Autor von unserer Arbeit überzeugt. Das hat den Zwerg beruhigt, und er ist gegangen. Ich bin mit Anna und dem jungen Schauspieler zurückgeblieben und habe die Hospitantin gebeten, ein paar Dosen Bier und Wodkafläschchen zu besorgen. Letzter Trick: den Text betrunken sprechen lassen. Er macht es ganz okay, aber am Ende bin ich betrunkener als der Schauspieler und kegle als Reaktion auf die Demütigung die gesamte Bestuhlung um. Die Stahlstühle machen einen Höllenlärm. Der Schauspieler fühlt sich für meine Verzweiflungstat verantwortlich und gelobt Besserung. Ich torkle in unser Gästeapartment und schlafe angezogen ein. Am frühen Morgen wache ich auf, als das Telefon klingelt.

Ada ist dran. Es ist so weit. Was? Ich weiß im ersten Moment gar nicht, was sie meint. Sie war schon nachts im Krankenhaus, aber die haben sie noch mal weggeschickt. Ihre beste Freundin Bärbel ist bei ihr.

»Wo warst du denn?«

»Im Bett. Erkläre ich dir später. Ich fahre sofort los.«

Ich bin schlagartig nüchtern, schnappe meinen Geldbeutel und rufe Anna zu, dass es losgeht.

»Viel Glück!«

»Danke.«

Scheiße, warum kommt das Taxi nicht? Mach schon. Vom Krankenhaus gegenüber sind schon drei Taxen weggefahren. Mann. Mach zu.

»Guten Morgen.«

»Zum Bahnhof. Ich kriege ein Kind!«

»Wo denn?«

»In Hamburg.«
»Ach Gott. Ist ja toll.«
»Ja.«
»Ich gebe Gas.«
»Bitte.«

Aber es reicht nicht. Der Zug fährt gerade aus dem Bahnhof.

»Scheiße.«
»Macht nichts, den holen wir ein bis Mannheim.«

Jetzt gibt er wirklich Gas, und wir schaffen es tatsächlich. Ich kann gerade noch in den Zug reinspringen. Fünf unerträglich lange Stunden muss ich nun hier sitzen, und mich erfasst eine wahnsinnige Aufgeregtheit. Ähnlich wie in den Stunden vor einer Premiere, in denen man auch nichts mehr ändern kann. Nicht mehr eingreifen kann. Loslassen muss. Oberflächlich freue ich mich, darunter lauert ein See der Ungewissheit und Angst. Kann ich das alles? Werde ich ein guter Vater sein? Geht das überhaupt, wenn man kein adäquates Vorbild hat? Das ist gar nicht böse gemeint. Aber Opa Richard war die größte Zeit meiner Kindheit in Frankfurt, und ich habe ihn kaum gesehen. Und Bernhard wollte und konnte kein Vater sein. Ein väterlicher Freund vielleicht. Onkel Hans-Peter? Der hat seine eigenen Kinder kaum gesehen vor lauter Arbeit. Ein Club von vaterähnlichen Figuren. Als-ob-Väter. Der greifbarste Vater in meinem Umfeld war Onkel Christian. Streng, klar und doch unendlich liebevoll. So vielleicht. Aber kann man sich das vornehmen?

Durch das Zugfenster dringt der Duft von Kerzenwachs. Fulda. Die Eika-Kerzenfabrik. Noch drei Stunden. Kurznachrichten von Ada. Sie liegt zu Hause in der Wanne. Ich schrumpfe in meinem Sitz zusammen. Kann dieser Scheißzug nicht schneller fahren? Bitte.

Göttingen. Hannover. Endlich Hamburg. Es ist bereits Nachmittag. Ada stampft wie von Dir ferngesteuert durch die Wohnung. Sie hält es noch aus. Tapfer. Ich bekomme eine ängstliche Ahnung von dem, was noch vor uns liegt. Vor ihr. Am frühen Abend gehen wir ins Krankenhaus. Es ist glücklicherweise auf der anderen Straßenseite. Die kommenden Stunden vergehen wie in Trance. Ein schlafähnlicher Zustand der vollkommenen Konzentration. Das Universum kreist um Adas Bauch. Der kleine Geburtsraum ist erfüllt von Deinen Herztönen. Sie klingen wie Nachrichten aus einer anderen Welt.

Draußen tobt ein mächtiger Sturm, drinnen schreit und wimmert es überall. Ich fühle mich hilflos, aber nicht überflüssig. Ich bemühe mich, anwesend zu sein. Wie spät ist es? Wo ist eigentlich der Mann mit der Spritze? Der Betäubungsspezialist. Er soll Ada eine Kanüle direkt ins Rückenmark legen. Ohne geht es nicht. Ich wäre schon längst gestorben vor Schmerzen. Während er endlich die Kanüle legt, halte ich sie im Arm. Ihr Wimmern ist mit Abstand das Schlimmste, was ich jemals gehört habe. Es zerreißt mir das Herz. Die Hebamme macht uns noch einmal Mut und schwört uns auf das Finale ein. »So. Jetzt noch mal mit voller Kraft.« Kurze Zeit später ist es so weit. Die Ärztin erscheint und stellt sich vor Adas geöffnete Beine wie ein Footballspieler. Zack. Mit einem gewaltigen Stoß schleudert Ada ihr ein blutiges Bündel in die Arme. Ich schreie laut auf. Er ist da. Er ist da! Matz ist da! Er ist endlich da! Der berühmte erste Schrei. Ruhe. Die Ärztin schneidet Dich von Mami los, und ich darf Dich mit der Hebamme das erste Mal waschen. Sie wickelt Dich in ein weißes Handtuch und übergibt Dich endgültig an mich. Ich kann mich gar nicht an Dir sattsehen und stammele immerfort: »Mein Sohn«, während Ada völlig erschöpft auf der Liege kauert. Ich zeige Dich ihr, aber mehr als ein mattes Lächeln kriegt sie nicht mehr hin. Dann lagst Du eine gefühlte Ewigkeit in meinem Arm. Deine Augen waren geöffnet, und Du warst ganz ruhig, und ich konnte mir ein Leben ohne Dich nicht mehr vorstellen. Was für eine Nacht.

Mein lieber Junge, ich liebe Dich über alles.

Das wird immer so sein. Egal, was geschieht.

Gute Nacht.

Papa

Lieber Matz,

die Erinnerung an Deine Geburt hat mir wieder Kraft gegeben. Ich habe ein Ziel vor Augen. Ich will mich zusammenraufen. Für Dich. Für mich. Das Erinnern hilft, meine ich. Etwas klärt sich. Ich werde mir meines Weges bewusst. Der Strecke, die ich schon gerannt bin. Jetzt mache ich eine Pause und sehe mir das an. Mit Dir zusammen. Auch wenn Du nicht direkt neben mir sitzen kannst, bist Du doch immer da. Das ist seit Deiner Geburt so.

Zwei Tage konnte ich danach noch bleiben, dann musste ich nach Heidelberg zurück und den Unsinn zu Ende bringen. Unsinn deshalb, weil mir das Theater seit Deiner Geburt so unwichtig vorkam. Der Widerstand abzureisen war enorm. Wie bei einem Hund, der mit fremden Menschen Gassi gehen soll und sich mit aller Macht dagegenstemmt, weil er nicht aus dem Haus will.

Die Premiere war mittelmäßig. Freundlich ja, aber nicht überwältigend. Konnte es auch gar nicht mehr sein, jetzt, wo Du auf der Welt warst. Der Autor war immerhin glücklich. Ich war einfach erschöpft und bin vor Mitternacht ins Bett gegangen.

Am Tag unserer Abfahrt zeigte mir Anna noch etwas Unheimliches. Wir hatten uns die ganze Zeit gewundert, warum unsere Vermieterin, eine Ärztin, die unter uns wohnte, immer so niedergeschlagen wirkte. Sie hatte uns erzählt, ihr Mann sei vor einem Jahr verstorben. Als mir Anna den Strick im Stromkasten zeigte, war mir alles klar.

Nichts wie weg hier. Zurück zum wahren Leben. Zurück zu Matz!

Gerade mal zwei Wochen hatte ich mit Euch. Dann musste ich weiter zur nächsten Station, nach Frankfurt. Dabei hätte ich rund um die Uhr an Deiner Wiege stehen können. Frankfurt ist auf eine ganz eigene Art und Weise sonderbar. Dein Opa hat in der Nähe gewohnt. In Sulzbach. Gearbeitet hat er aber in der Stadt. Frankfurt ist das Zentrum der deutschen sowie der europäischen Geldwirtschaft. Jede große Bank hat sich einen Wolkenkratzer gebaut. Opa Richard hat im Westend-Tower gearbeitet, im dritthöchsten Turm. Vor der Tür steht eine riesige Krawatten-Skulptur von Claes Oldenburg. *Inverted collar and tie*. Die fand ich damals, als ich ungefähr so alt war wie Du jetzt und Richard das erste Mal in Frankfurt besucht habe, wahnsinnig lustig. In der ganzen Stadt wimmelt es nur so von Anzugträgern mit Schlips. Wie bei *Momo*. Die grauen Männer, die einem die Zeit stehlen. Aber hier mit dem Unterschied, dass sie sich bunte Krawatten umbinden. Da trägt jeder etwas anderes. Punkte, Streifen oder Mickymäuse. Der vermeintlich einzige Platz für Einzigartigkeit. Die Krawatte von Oldenburg ist hell und dunkelgrau gestreift und steht auf dem Kopf. Ihre Enden scheinen frech in der Luft zu flattern. Oldenburg hat immer sehr große Skulpturen von Alltagsgegenständen angefertigt und dann in den öffentlichen Raum gestellt. Ich habe mich schon damals gefragt, wie die Skulptur wohl den Bankern gefällt. Ob sie sich nicht jeden Morgen beim Betreten der Bank auf den Arm genommen fühlen. Damals habe ich Richard angeguckt und beschlossen, dass Banker mehr Humor haben müssen, als man ihnen zutraut.

Nun aber wieder zurück zu meiner Theaterarbeit in Frankfurt. Ich bin äußerst gut gelaunt dorthin gefahren. Die Vorgespräche mit der Intendantin und der Dramaturgin waren sehr nett. Ich bekam eine hübsche kleine Dachgeschosswohnung in Sachsenhausen, ganz in der Nähe des Theaters. Früher wohnten vor allem arme Leute in solchen Wohnungen. Ich konnte mir keine schönere Unterbringung vorstellen. Zu meiner Unterstützung und gegen das Heimweh hatte ich Hannes mitgebracht. Hannes ist Musiker und hat mit mir am Schauspielhaus gearbeitet. Außerdem wusste er wie ich, gutes Essen und guten Wein zu schätzen. Ich fühlte mich stolz und voller Liebe und war zuversichtlich, dass sich meine gute Stimmung schon irgendwie auf die Schauspieler übertragen würde. Das hat dann aber leider nicht so gut geklappt. Ganz im Gegenteil.

Es ging damit los, dass all meine Schauspieler direkt

aus einer *Romeo und Julia*-Inszenierung kamen und sich dort schon gegenseitig auf den Wecker gegangen sind. Und so saß ich auf der sogenannten Leseprobe einem Bollwerk der Bocklosigkeit gegenüber. Die Stimmung war total angespannt und gipfelte darin, dass der Hauptdarsteller noch am selben Abend ausstieg. Seine Kollegen waren ihm einfach zu doof. Wie recht er damit hatte, habe ich dann schmerzlich am eigenen Leib erfahren. Tag für Tag.

Das Stück hieß *La Strada* und stammt von einem berühmten italienischen Filmregisseur. Darin geht es um einen Grobian, der sein Geld damit verdient, auf Jahrmärkten oder im Zirkus Ketten zu sprengen. Allerdings sind die Ketten präpariert. Wie alle Gauner hält er sich nicht lange irgendwo auf, damit man ihm nicht auf die Schliche kommt. Er lebt mehr oder weniger auf der Straße und zieht mit seinem Planwagen von Ort zu Ort. Eines Tages trifft er ein junges Mädchen, Gelsomina, dessen Mutter so arm ist, dass sie bereit ist, die Tochter an den Schausteller zu verkaufen. Für Gelsomina ein Alptraum, denn der Grobian behandelt sie furchtbar schlecht. Für die Rolle des Mädchens hatte ich eine ganz tolle Schauspielerin ausgewählt. Aber das Theater fand keinen, der den Fiesling, den Zampano, spielen wollte. Kennst Du den Ausdruck? Man sagt das zu einem Angeber. Nun mach hier mal nicht den Zampano. Ich habe schließlich einen weiteren Musiker für die Rolle gewinnen können. Der sah zwar überhaupt nicht wie ein Angeber aus, konnte aber ganz wunderbar Posaune spielen. Dass im Stück eigentlich der Gegenspieler von Zampano, der Seiltänzer Matto, ein Instrument spielt, und auch nicht Posaune, sondern Trompete, war nun auch schon egal.

Die Arbeit mit meinem Zampano und meiner Gelsomina hat viel Spaß gemacht. Aber die beiden Kollegen, die die übrigen Figuren spielen sollten, waren von Anfang an irgendwie beleidigt. Sie kannten mich nicht und wollten mich auch gar nicht kennenlernen. Das ist gar nicht so schlimm. Aber die Respektlosigkeit. Das war entsetzlich. Defätistisch waren die. Tolles Wort. Kommt aus der Militärsprache und meint Soldaten, die mit Absicht Zweifel und Misstrauen am eigenen Sieg unter den Kameraden verbreiten. Dafür konnte man sogar erschossen werden. Das hätte ich mit denen auch gern getan. Und die mit mir sicherlich auch. Ich glaube, wir wussten alle nicht, was wir voneinander wollten. Im Fußball sagt man, der Trainer habe die Mannschaft nicht mehr erreicht. Aber was heißt hier eigentlich nicht mehr? Die Gesichter der beiden haben mich noch ewig verfolgt und sind mir zum Inbegriff von Ignoranz und Starrsinn geworden. Sie haben sich nicht geweigert mitzuziehen, weil sie nicht konnten. Sondern weil sie nicht wollten. Sogar die Intendantin hat mit ihnen gemeckert. Aber es hat nichts genützt. Es ist eher noch schlimmer geworden. Beleidigter. Hasserfüllter. Warum bin ich bloß geblieben? Ich wollte nicht nachgeben. Wie blöd. Ich hätte sagen sollen, dass die beiden gehen sollen. Oder eben ich. Aber das wollte die Intendantin nicht. Sie wollte, dass sie gehorchen. Haben sie aber nicht. Da habe ich mich jeden Abend volllaufen lassen. Wein hauptsächlich. In Frankfurt machen sie welchen aus Äpfeln. Schmeckt gar nicht schlecht. Hat weniger Alkohol. Da musste man ganze Krüge trinken, um betrunken zu werden. Hannes hat immer Wein aus Hamburg mitgebracht. Damit ging es schneller. Aber nur etwas. Hinterher weiß man gar nicht mehr, ob man so viel gesoffen hat, weil man so frustriert war. Oder ob man so frustriert war, weil man so viel gesoffen hat. Wahrscheinlich stimmt beides. Das Saufen hat jedenfalls alles nur noch schlimmer gemacht. Der Gipfel war, dass ich meine eigene Generalprobe verschlafen habe. Wir hatten uns morgens nur zum Durchsprechen des Textes getroffen. Am Abend vorher waren die Dramaturgen und die Intendantin bei der Probe dabei. Sie fanden die Aufführung furchtbar. Völlig unterirdisch. Das haben sie natürlich so nicht gesagt. Aber ich konnte es spüren. Liebesentzug. Somit schon das zweite Theater, an dem ich verbrannte Erde hinterlasse, dachte ich.

Mittags traf ich mich in der Kantine mit Michael. Er inszenierte gleichzeitig dort. Ein Jahr später übernahm er seinen ersten Intendantenposten in Essen und hatte mich in Hamburg bereits gefragt, ob ich nicht bei ihm arbeiten wolle. Er versuchte, mir zu helfen, aber da war längst alles zu spät. Ich hatte aufgegeben. Darüber war er entsetzt. Irgendwann musste er zur Probe. Ich bin einfach sitzen geblieben und habe weitergetrunken. Bis nichts mehr reinging. Da war es früher Nachmittag. Es gibt kaum etwas Verzweifelteres, als am helllichten Tag durch die Straßen zu torkeln. Die Leute haben mich ganz erschüttert angestarrt. Ich bin angezogen auf mein Bett gefallen und war sofort weg. Als ich vom drängenden Klingeln des Telefons wach wurde, war mir schon alles klar. O Gott, ist das peinlich. Ich bin dann in das Restaurant gefahren, in dem wir nach der Probe immer gegessen haben, und habe die Rechnung für alle bezahlt. Als ein Mindestmaß an zur Schau gestellter Reue. Weißt Du eigentlich, was ein Ablassbrief ist? Den konnten die Menschen vor langer Zeit in der Kirche von ihrem Pfarrer kaufen, um Vergebung zu erlangen. Ist das nicht verlogen? Sich von der Schuld freikaufen? Das hat damals nicht funktioniert und war in meinem Fall auch hilflos und dumm. Meine beiden Spezialfreunde freuten sich ganz besonders über meine Unmöglichkeit. Richtig genossen haben sie mein Elend.

Haben wir ja schon immer gesagt. Der kann nichts. Überschätzt. Unprofessionell.

Allmählich glaubte ich das auch.

Die Premiere war ein Trauerspiel. Das Publikum war aufrichtig begeistert. Allein das Fachpublikum war im gleichen Maß entsetzt wie die künstlerische Leitung. Ulli zum Beispiel. Mein Chef aus dem Schauspielhaus. Ganz ernste Miene.

»Was war denn da los?«

»Erzähle ich dir in Hamburg.«

In der Ecke stehen meine Eltern und sind stolz. Ich kann mich gar nicht richtig freuen, dass sie da sind. Flüstere, während sie mich immer wieder umarmen und anlachen. Kourosh ist auch da. Was für ein Geschenk. Wir gehen sehr früh, und ich erzähle ihm noch die ganze Nacht von den Tücken dieser Produktion. Seine Anwesenheit ist wie Balsam für meine gequälte Seele.

Am nächsten Tag will ich nur noch weg. Raus aus dieser scheußlichen Stadt.

Vor meiner Haustür steht plötzlich ein großer Inder, als ob er auf mich gewartet hätte. *We Yogi people, we pray for you.* Wir Yoga-Leute beten für dich. Ich bin vollkommen willenlos und werde, wie König John in Disneys *Robin Hood* von Sir Hiss durch die Straßen geführt.

Als er mich bittet, mit ihm zum Geldautomaten zu gehen und hundert Euro für ihn abzuheben, widerspreche ich nicht. Zum Abschied gibt er mir einen kleinen schwarzen Stein. Ich solle ihn in mein Portemonnaie stecken und würde fortan immer genug Geld haben. Weg ist er. Wie ein letzter Traum.

Das war Frankfurt.

Wolfgang hat mich gerade gefragt, ob ich mit ihm spazieren gehe.

Das ist jetzt genau das Richtige.

Bis später.

Papa

Lieber Matz,

ich habe Wolfgang von den Briefen erzählt und dass es mir manchmal sehr schwerfällt, weil mir Dinge klarwerden. Er hat mir Mut gemacht.

Weiter geht's.

Als ich aus Frankfurt nach Hause kam, war ich unendlich erschöpft und wollte fortan nur mehr im Hamburger Schauspielhaus arbeiten, so verletzt, enttäuscht und wütend war ich. Dein Anblick war mir der einzige Trost.

Dennoch konnte ich keine Ruhe finden. Weißt Du, was Schmach bedeutet? Das Gegenteil von Erfolg. Demütigung. Ehrverlust. Ich musste das wiedergutmachen.

Ich wollte um jeden Preis wieder Erfolg haben. Dieses Gefühl der Leichtigkeit. Fliegen. Stattdessen fing ich an zu schwimmen. Und zwar wie ein Ertrinkender.

Aus dem jungen hochbegabten Nachwuchsregisseur, den viele an ihrem Theater haben wollten, war in meiner Selbsteinschätzung ein überschätzter Tölpel geworden. Große Klappe. Nichts dahinter. Keiner spielt mehr mit mir.

Das ist grausam. Aber das Schlimmste ist, dass man meistens selbst schuld daran ist. Das konnte ich damals aber nicht zugeben. Stattdessen habe ich mich mit meinen Freunden und Kollegen aus dem Schauspielhaus zum Trinken getroffen. Dann haben wir gemeinsam geschimpft. Über die Amateure. Die auch noch Erfolg hatten mit ihrem Unsinn. Unerträglich. Traurig. Nächtelang. Manchmal haben wir auch geträumt. Von den Stücken, die wir gemeinsam aufführen wollten. Müssten. So ist ein großes Missverständnis geboren worden. In der Kantine um halb drei Uhr morgens. Die Bedienung war schon mit dem Kopf auf dem Tresen eingeschlafen. *Sein oder Nichtsein.* Ein Stück auf der großen Bühne im Schauspielhaus. Pah. Endlich. Heimspiel, habe ich gedacht. Ist doch mein Wohnzimmer. Da geht alles wie von selbst. Da fliegt mir alles zu.

Tatsächlich war mir die Meise schon zugeflogen und hatte sich in meinem Kopf eingenistet. Sie hat dazu geführt, dass ich alle, wirklich alle, ob nun die Schauspieler, den Bühnenbildner oder die Assistenten, in den Wahnsinn getrieben habe. Das ist normalerweise ganz gut im Theater. Wenn alle durchdrehen. Weil es dann echt wird und nicht aussieht wie vorgeführt und ausgedacht. Als ob. So war es aber nicht. Wochenlang haben sie mich angeguckt und gefragt, wie dies und wie jenes denn nun sein sollte? Das Stück hieß wirklich *Sein oder Nichtsein*. Aber es ist nicht bloß ein Stücktitel, sondern gleichzeitig der bekannteste Satz aus einem anderen Theaterstück. Es heißt *Hamlet* und wurde von einem englischen Schriftsteller namens Shakespeare geschrieben. Es erzählt die Geschichte eines jungen Prinzen, der dem Hof vorspielt, er sei wahnsinnig. Er tut das, weil er glaubt, nur so den Mord an seinem Vater aufklären zu können. Aber immer wieder zweifelt er auch daran, ob sein Handeln richtig ist. »Sein oder Nichtsein. Das ist hier die Frage.« Er überlegt schließlich sogar, ob er sich selbst töten soll.

Und jetzt wird es ein bisschen kompliziert. Es gibt nämlich auch einen Film mit diesem Titel, und genau den wollten wir auf die Bühne bringen. O Mann, wie soll ich Dir bloß den Inhalt erklären? Da geht das Problem schon los. Ich habe eben versucht, Wolfgang die ganze Sache zu erklären, aber der hat es auch nicht richtig verstanden. Also: In dem Film *Sein oder Nichtsein* von Ernst Lubitsch geht es um eine Truppe von polnischen Schauspielern kurz vor Ausbruch des Zweiten Weltkriegs. Und der begann ja damit, dass die Deutschen in Polen einmarschiert sind und das Land besetzt haben. Im Theater proben die Schauspieler ein kritisches Stück, das sich gegen die Nazis und Hitler richtet. Aus Angst vor den Deutschen wird es jedoch kurz vor der Premiere von der polnischen Regierung verboten. Stattdessen wird *Hamlet* gespielt. Dabei kommt es wiederholt zu einem Zwischenfall. Immer, wenn der Hauptdarsteller Joseph Tura zu dem berühmten Monolog ansetzt, steht im Publikum bei dem Satz »Sein oder Nichtsein« ein junger Mann auf und verlässt den Saal. Der Schauspieler fühlt sich in seiner Künstlerseele gekränkt. Was er nicht weiß: Es handelt sich um einen Verehrer seiner Ehefrau Maria, die ebenfalls im Stück mitspielt, und den jungen Mann während der langen Textpassage ihres Gatten in ihrer Garderobe empfängt.

Unter der Besetzung der Deutschen wird das Theater geschlossen. Das Ensemble ist entsprechend niedergeschlagen. Doch dann erfährt es von der Ankunft eines Spions, der den Deutschen eine Liste mit den Namen polnischer Widerstandskämpfer übergeben soll. Das Treffen soll in einem Hotel in Warschau stattfinden. Damit die Liste nicht in falsche Hände gerät, schlüpfen die Schauspieler kurzerhand in neue Rollen und geben sich als Deutsche aus.

Das Stück ist bitterböse und gleichzeitig sehr lustig. Aber fast unmöglich zu inszenieren, weil alle Gesetze außer Kraft gesetzt sind. Oben/unten. Gut/böse. Komödie/Tragödie. Leben/Tod. Es erfordert ein Höchstmaß an Konzentration und Erfahrung. Von beidem hatte ich viel zu wenig. Hinzu kommt, dass den Film jeder im Theater kennt. Und jeder hat natürlich eine ganz bestimmte Vorstellung davon, wie so etwas umgesetzt werden soll. Wenn man es denn überhaupt wagen darf, den Film auf die Bühne zu bringen. Das Werk von Herrn Lubitsch stand vor mir wie ein Ungeheuer. Das hätte mich normalerweise angestachelt, aber diesmal hatte ich vor den Proben richtig Angst.

Wir hatten den ganzen Sommer mit Dir auf dem Land verbracht. Ganz ruhig und romantisch. In Wehningen direkt an der Elbe. Ein Traum. Viel Schlaf. Wenig Alkohol. Viel Matz. Rund um die Uhr. Doch mit der Entspannung kamen auch immer mehr Zweifel, ob ich es schaffen würde. Ich habe mich wahnsinnig unter Druck gesetzt. Das kennst Du auch. Bei Dir verspannt sich dann der Nacken, und Du bekommst Kopfschmerzen. Bei mir geht es in den Magen und in den Rücken. Im Bauch stiftet die Angst Unruhe, und auf dem Rücken drückt die Last.

Schon bei der Leseprobe habe ich innerlich geschlottert. Zu Recht. Denn ich hatte mich kaum vorbereitet. An dem Gefühl der Verunsicherung hätte eine gewissenhaftere Vorbereitung vermutlich auch nichts geändert. Zu stark war die Angst. Viel Zeit mit dem Bühnenbildner vor dem Modell hatte ich auch nicht, da er nebenbei noch ein anderes Stück ausstattete. Alles vollkommen fahrlässig. Ich hatte die Arbeit unter- und mich überschätzt. Aber nun war es zu spät. Dabei waren alle dabei. Alle meine Lieblinge. Die Angst wollte nicht weichen und breitete sich vom Bauch ins Hirn aus. Wochenlang ging das so. Die Tage waren eine einzige Qual, sie wollten einfach nicht enden. Wann kann ich endlich nach Hause?

Die Stimmung ist längst gekippt. Lauter Fragezeichen um mich herum. Ich renne von der langen und ergebnisfreien Probe zur Krisensitzung und zur nächsten regungslosen Abendprobe. Ich liege nachts wach, kann stundenlang nicht einschlafen. In meinem Kopf rast alles. Weg von hier. Weg von all den aufgebrachten, drängenden Menschen. Mein schlechtes Gewissen lässt die Angst nicht abschwellen. Es geht immer noch schlimmer. Ich stehe regungslos auf der Probebühne und weiß nichts mehr. Gar nichts. »Was ist los im Staate Dänemark?«

Gute Frage. Heute weiß ich, dass mir meine Gegner nicht im Theater aufgelauert haben, sondern in meinem Kopf. Ich habe den Kampf gegen die Meise verloren. Nur: Wie soll man gegen einen Gegner gewinnen, von dem man nicht weiß, dass er da ist? Ich war ein Geist geworden. So wie Hamlets Vater. Ein Schatten. Und das in meinem zweiten Wohnzimmer! In meinem Haus! Vor Scham bin ich fast gestorben. Wäre ich gern gestorben.

Zwei Dinge machen mich extra fertig. Die Talentlosigkeit des einzigen Schauspielers, den ich mir nicht selbst ausgesucht habe, und das Bühnenbild, das mich von Anfang an blockiert. Es handelt sich um ein Karussell aus Zimmern und steht deshalb in der Mitte der Bühne. Auf der Drehbühne. Es behindert aber die Schauspieler mehr, als dass es ihnen nützt. Mir fällt dazu einfach keine Lösung ein, die der Schnelligkeit des Stückes entspricht. Im Film macht man einfach einen Schnitt. Das ist im Theater alles viel aufwendiger.

Zwei Tage vor der Premiere steigt der Schauspieler aus, der mich so zur Verzweiflung getrieben hat. Ich nehme jeglichen Restmut zusammen und beichte meinem Bühnenbildner, dass es nur ohne das sperrige Zimmerkarussell geht. Er hat es die ganze Zeit geahnt und hasst mich aufrichtig dafür. Dem Stück schenkt dieser viel zu späte Anflug von Ehrlichkeit jedoch den Raum und die Freiheit, die es braucht. Mittlerweile ist das ganze Haus alarmiert und hilft. Ich habe mich innerlich abgegeben. Selbst der Intendant und der Dramaturg inszenieren die letzten Tage mit und sagen mir, was ich tun soll. Ich bin für ihre Hilfe dankbar, obwohl ich praktisch über kein Selbstwertgefühl mehr verfüge. Die Aufführung wird komischerweise gar kein Reinfall. Die Leute sind begeistert. Der Jubel gehört aber nicht mir. Ich kann ihn nicht annehmen.

Das Einzige, was ich in dieser Zeit noch annehmen konnte, warst Du. Acht Monate warst Du damals alt, und ich wäre am liebsten einfach nur zu Hause geblieben. Mit Dir und Mami. Aber es ging nicht. Ich wollte weiter mein eigenes Geld verdienen. Denn das hatte mich doch so stolz gemacht. Unabhängigkeit von den Eltern, die lange geholfen haben. Immer wieder. Dass ich meine kleine Familie ernähren kann, war mir unheimlich wichtig. Dafür wollte ich kämpfen. Wenn nötig, auch gegen mich selbst. Mein Ausfall bei der letzten Inszenierung tat mir leid. Aber rückgängig machen konnte ich ihn nicht mehr. Wollte ich eigentlich auch nicht. Alles ist für etwas gut. Selbst wenn man das erst viel später erkennt.

Ich hoffe, dass diese Zeilen eines Tages für etwas gut sind. Dass sie Dich vielleicht vor etwas schützen.

Bis dahin bin ich an Deiner Seite.

Papa

Lieber Matz,

ich habe schlecht geschlafen. Gestern Abend habe ich noch lange über das nachdenken müssen, was ich Dir geschrieben habe. Dabei ist mir etwas aufgefallen. Ich habe geschrieben, dass ich nichts bereue. Aber das stimmt nicht. Im Gegenteil. Ich bereue zutiefst, dass ich *Sein oder Nichtsein* überhaupt gemacht beziehungsweise, dass ich mich nicht gewissenhafter darauf vorbereitet habe. Ich schäme mich für meine Naivität. Die Demütigungen, die ich dadurch erfahren habe, möchte ich am liebsten ungeschehen machen. Es tut immer noch wahnsinnig weh. Ich hätte es einfach nicht machen sollen. Genau wie *La Strada*. Es hat von Anfang an nicht gestimmt.

Aber das lässt sich hinterher leicht sagen. Ich weiß es doch auch nicht. Man kann sich nicht immer auf seine Intuition, auf seine Eingebungen verlassen. Habe ich aber. Immer. Hat ja auch oft gestimmt. Ich wünsche Dir in dieser Beziehung mehr Glück und Geschick. Das klingt wie ein Abschiedsbrief, soll es aber nicht. Es ist nur so, dass ich schrecklich wankelmütig bin. Ich kann es nicht abstellen, das liegt an dieser bescheuerten Meise.

Hin und her flattert die. Zu Tode betrübt. Und zack, im nächsten Moment wieder ganz obenauf.

So war das nach der alptraumartigen Erfahrung mit *Sein oder Nichtsein* auch. Kurz nach der Premiere musste ich mit Sonya nach Mainz zu einer Bauprobe. Lange vor der Premiere trifft man sich auf der Bühne, um mit den Technikern die verschiedenen Entwürfe für das Bühnenbild durchzusprechen. Bühnenbild-als-ob sozusagen. Das macht man, um zu sehen, ob sich die Ideen umsetzen lassen und wo es noch hakt. Danach bekommen dann die Werkstätten den Auftrag, das Bühnenbild anzufertigen.

Das Stück hieß *Halb & Halb*. Es ist eines für nur zwei Schauspieler. Wie erholsam. Darin geht es um zwei Brüder. Vor langer Zeit ist die Mutter der beiden gestorben. Seitdem sitzt der Jüngere in der Küche und löst Kreuzworträtsel, der Ältere hat sein Glück in der Fremde gesucht. Zu Beginn des Stückes kehrt er heim. Es wird geschwiegen und dann sehr viel gesprochen. Aber vor allem beginnen die beiden, die Küche zu bepflanzen. Sie erschaffen sich nach und nach eine Art Garten Eden, ihr eigenes Paradies, in dem alle Nöte und Sorgen der Vergangenheit begraben werden. Am Ende werden die beiden selbst Teil des Gartens, gehen in ihm auf, verschwinden. Das hat mir am besten gefallen: dass sie sich die Natur ins Haus holen und dann von ihr verschlucken lassen. Die Bühnenbildnerin musste bei diesem Stück eine Menge berücksichtigen. Die Schauspieler reden nicht nur, sie müssen auch eine Menge tun. Es muss allein schon genug

Erde auf der Bühne sein, damit sie ihren Garten Eden überhaupt anlegen können. So viel Erde nämlich, dass ein normaler Küchentisch unter ihr verschwinden kann. Gleichzeitig soll das Ganze aber auch nicht aussehen wie ein Gartencenter, schließlich spielt sich alles in einer Küche ab. Keine leichte Aufgabe, zumal bei den Problemen, die ich mit Bühnenbildern bisher hatte.

Um morgens rechtzeitig zur Bauprobe da zu sein, mussten wir einen Tag zuvor anreisen. Sonya aus München, ich aus Hamburg. Wir treffen uns am Bahnhof in Mainz, von dort fahren wir gemeinsam weiter. Schon während der Fahrt zur Pension rede ich ohne Pause auf Sonya ein. Sie hat bei *Sein oder Nichtsein* die Kostüme gemacht und alles mitbekommen. Mit ihrer höflichen und freundlichen Art macht sie mir Mut und tröstet meinen wankelmütigen Geist. Ich höre kaum zu, denn die Meise fängt an zu flattern, so dass ich ihre klugen Zwischentöne und Randbemerkungen gar nicht mehr wahrnehme. Wir haben jeder ein Einzelzimmer in einer kleinen Pension direkt neben dem Dom reserviert. Fachwerkhäuser überall. Das sind die mit den Holzbalken in der Fassade. Die Pension sah von außen ganz schön aus. Wandmalerei mit christlichen Motiven. So. Aber nun. Wir kommen rein. Es ist bereits später Nachmittag, und im Treppenhaus brennt eine viel zu schwache Lampe. Fast stolpern wir über einen Eimer Farbe, dessen halber Inhalt bereits an der Wand verteilt ist. Großbaustelle. Oben, im winzigen Flur an der Rezeption, herrscht große Leere. Das ganze Haus scheint wie in großer Panik verlassen. Wie im Krieg. Gibt es hier einen Bunker? Unter dem Dom? Oh. Tatsächlich steht nun ein verhuschtes Wesen vor uns und übergibt die Zimmerschlüssel. Die Zimmer sind geräumig, aber dreckig. Nur schnell den Koffer reinstellen und wieder raus.

Ich warte vor der Pension auf Sonya, die wie alle Frauen immer etwas länger braucht, und entdecke während dieser Viertelstunde drei Dinge in verschiedenen Schaufenstern, die ich unbedingt haben muss. Die Meise hat sich in eine Elster verwandelt und zaubert mir bei dem Anblick einer Jacke, eines Pullovers und einer Aktentasche Glitzer in die Augen. Es ist ganz klar. Es geht nicht anders. Die Sachen gehören zu mir. Sonya tritt auf die Straße und kann mich zumindest vom Kauf der Tasche aus Kalbsleder abhalten, die ein Vermögen kostet. Mit der Bomberjacke erfülle ich mir einen alten Traum. Ich mag das Uniformhafte daran und fühle mich unheimlich männlich. Stark. Unverwundbar. Und das, obwohl oder vielleicht gerade weil ich erst kürzlich meine Verwundbarkeit zu spüren bekommen habe. In diesem Moment ist alles wie weggeblasen.

Wir treffen die Dramaturgin und ihren Chef. Beide sind sehr nett und beklagen sich. Über die kulturelle Wüste hier. »Karneval können die besser.« Am frühen Abend sind wir in der Kantine mit Thierry verabredet. Er ist der ältere der beiden Schauspieler und hat mich dorthin bestellt. Er sitzt zwischen lauter Kolleginnen und mustert mich listig. Mir gefällt er sofort. Er sieht aus wie ein richtiges Theatertier. Ein Profi. Thierry kommt aus

Luxemburg und schleppt uns nach einem Höflichkeitsgetränk in die Profikneipe der Stadt gleich um die Ecke. Köpi. Königs Pilsener. Etwas anderes gibt es nicht. Bier. Sonst nichts. Wir nehmen im Hinterzimmer Platz. Mit dem Schalter an unserem Tisch lässt sich die Bedienung heranklingeln. Wie wunderbar. Das heißt, wir müssen nie lange auf das nächste Bier warten und trinken für Stunden in einem ununterbrochenen Fluss. Profikneipe eben. Thierry redet von Haus aus viel und schnell, aber in mir hat er an diesem Abend seinen Meister gefunden. Wir freuen uns aufrichtig aneinander und über die kommende Arbeit miteinander. Die beiden Damen sind nur noch Beiwerk und in die Statistenrolle gedrängt. Am Ende sind wir glücklich betrunken. Ich habe seinen Regisseur-Eignungstest bestanden. Mit Bravour.

Am nächsten Morgen habe ich keinen Kater und hüpfe früh aus dem Bett. Ich klopfe bei Sonya, die noch nicht fertig ist. Sie komme gleich, sagt sie, und dass wir uns unten beim Frühstück treffen.

Der Speisesaal ist sehr hübsch, nur leider völlig verstaubt. Alles wirkt wie ein Heimatmuseum im Dornröschenschlaf. Eine Batterie Tupperdosen mit Inhalt bildet das Buffet. Die Käsescheiben schwitzen und wellen sich bereits. Hier kriege ich keinen Bissen runter. Sonya erscheint, und ich rege mich lauthals auf.

»So geht das nicht. Und wenn Ihnen das Geld ausgegangen sein sollte. Dann müssen Sie eben schließen. Aber so? Das ist eine Unverschämtheit.«

»Oh. Gefällt Ihnen etwas nicht?«

»Gefallen? Sehen Sie sich doch mal um. Das fängt doch schon mit dem Treppenhaus an. Das ist lebensgefährlich. Dann die völlig verdreckten Zimmer. Von dieser Frühstücksruine gar nicht zu sprechen. Sie sind ein Amateur. Geben Sie es zu, Sie haben noch nie ein Hotel geführt.«

»Nein.«

»Sehen Sie. Das sieht man. Dann holen Sie sich mal ganz schnell Hilfe. So geht es nicht. Ich brauche übrigens eine Quittung, oder muss ich Ihnen das jetzt auch noch zeigen?«

Abgang.

Draußen an der klaren Luft ist es wunderbar. Ich platze vor Stolz. Wie ein Hahn stolziere ich in der dunkelblau schimmernden Bomberjacke umher. Ich bin ein Prinz. Pah. Ein König bin ich. Lauter Untertanen um mich herum.

Sonya ist ernsthaft erschüttert von meinem Ausbruch. Kein Wunder. Musste sie doch mit der in Tränen aufgelösten Wirtin umgehen.

Um noch quatschen zu können, bringt sie mich zur Bahnstation Flughafen-Frankfurt. Dort erkundige ich mich auch gleich nach einem Flug nach Hamburg. Bahnfahren scheint mir vollkommen unadäquat.

Leider ist der Zug schneller, die Realität bremst meinen Größenwahn etwas aus.

Macht nichts. Ich weiß, wie es sich gehört. Flugzeug. Limousine mit Fahrer. Guten Morgen, Herr Generaldirektor.

Innerlich fliege ich der Meise hinterher. Willenlos. Stets zu Diensten.

So war das.

Papa

Lieber Matz,

mir tut vom vielen Schreiben der Unterarm weh.

Gestern Deine Stimme zu hören war unbeschreiblich schön. Deine Freude und das Glück, das Du ausstrahlst, sind mir ein großer Trost. Auch wenn ich mich dafür jedes Mal vor den Stationsapparat in die Telefonecke hocken muss. Halb öffentlich. Wie früher im Schullandheim, bevor es Mobiltelefone gab. Über Deine Geschichte mit dem Bernstein, der Dir in Travemünde einfach so vor die Füße gespült worden ist, musste ich noch lange schmunzeln. Sie hat mich den ganzen Abend vor der Miesepetrigkeit und Traurigkeit dieses Ortes beschützt.

Leider hält alles nur so kurz an. Bei mir sind es vor allem die Gefühle, die so flüchtig sind wie Gedanken.

Bei all dem Willen, der Meise zu entfliehen und meine Freiheit zurückzugewinnen, nagen immer stärkere Zweifel an mir. Es ist das Felix-Krull-Gefühl, wie ich es nenne. Es gibt einen Roman von Thomas Mann mit dem Titel *Die Bekenntnisse des Hochstaplers Felix Krull*. Ich habe ihn in der Schule gelesen, kurz bevor die Meise mich das erste Mal aufgesucht hat. Es geht darin um einen Betrüger. Einen Hochstapler. Jemanden, der übertreibt. Der seine Fähigkeiten in einem helleren Licht erstrahlen lässt. Dass das möglich ist und wie, entdeckt Felix Krull übrigens im Theater. Er schafft es, aufgrund seiner angenehmen Persönlichkeit und seines einnehmenden Wesens immer wieder Dinge zu erreichen, die ihm von Natur aus eigentlich verwehrt sind. Er fühlt sich wie der Götterbote Hermes, der zwischen den Menschen und den Göttern vermittelt. Nun. Das entspricht in weiten Teilen meiner eigenen Selbstwahrnehmung. So habe ich mich zumindest oft gefühlt. Ich traute mir alles zu. War überzeugt davon, dass es für mich keine Grenzen gibt. Dass ich alles erreichen kann. Nur dass ich im Gegensatz zu Krull auch gescheitert bin. Sehr wohl gegen Mauern gerannt bin. Sehr wohl Verletzungen davongetragen habe. In Phasen wie jetzt ist es vor allem anderen mein schlechtes Gewissen, das mich quält. Ich schäme mich für mein Unwissen. Für mein Vortäuschen. Selbst meine Erfolge im Theater erscheinen mir dann unwürdig und ergaunert.

Ich kann es nur besser machen. Genauso schnell wie die Selbstzweifel auftauchen, sind sie auch wieder verschwunden. Als ich mit Dir und Mami auf dem Land war, hatte ich Zeit, darüber nachzudenken. Meist waren die Gedanken aber nicht klar, sondern trübe und schwammig. Wenn ich glaubte, gerade einen Gedanken festhalten zu können, kegelte der nächste die Erkenntnis schon wieder weg. Hin und her, gefangen zwischen zwei

Extremen. Wie sollte es bloß im Theater weitergehen? Angstschweiß. Und im nächsten Moment Siegesgewissheit. Mir kann keiner was! Ich bin hier schließlich der Profi.

Michael hatte mich ja als Hausregisseur in Essen engagiert. Aber das war noch so lange hin. Ich hatte Angst, in der Zwischenzeit das Inszenieren zu verlernen. Wenn ich es überhaupt je gekonnt hatte. Es ist eine Ehre und ein großes Glück, wenn man Hausregisseur wird, weil das bedeutet, dass man mindestens zwei Stücke im Jahr an einem Theater machen kann. Diese Arbeiten hat man schon mal sicher, und man kann auch gut andere Intendanten zum Angucken einladen. Außerdem kann man sich mit den Schauspielern besser vertraut machen. Man kennt sich dann schon und muss sich nicht immer wieder neu erklären und vorstellen. Ich fand das eigentlich sehr schön, aber irgendetwas war faul. Die drei anderen Hausregisseure wussten zum Beispiel schon sehr lange im Voraus, welche Stücke sie machen sollten. Von mir hatten sie sich erst mal nur ein Kinderstück gewünscht. Das hat mich auch schon beleidigt. Warum, wirst Du jetzt fragen. Ist doch toll. Stimmt. Aber ich wusste ja längst, dass ich so etwas kann. Ein Kinderstück machen. Aber nein. Ein Stück für Erwachsene auf der großen Bühne. Ich wollte mir beweisen, dass ich das genauso gut kann. Gerade nach den Schwierigkeiten mit *Sein oder Nichtsein*. Weil ich bis zum Beginn der Arbeit in Essen noch so viel Zeit hatte und der Leitung dort nicht so richtig vertraute beziehungsweise nicht darauf warten wollte, dass sie mir noch weitere Stücke vorschlagen, habe ich mir selbst ein Stück ausgesucht. Ein norwegisches. Es heißt *Wenn wir Toten erwachen* und ist das letzte Stück von Henrik Ibsen, dem größten Theaterautor Norwegens. Danach hat er bis zu seinem Tod nichts mehr geschrieben und auch kaum noch gesprochen. Es ist also in gewisser Hinsicht so etwas wie sein Vermächtnis, auch weil darin in konzentrierter Form all die Themen auftauchen, die in seinen übrigen Stücken eine wichtige Rolle spielen. Es wird nur selten aufgeführt, und das hat wahrscheinlich seinen Grund. Mich hat es jedenfalls nicht abgehalten. Es gibt nur vier Rollen. Perfekt. Schnell habe ich eine Besetzung gefunden, und die Gewissheit, endlich wieder arbeiten zu können, verlieh mir Auftrieb. Die beiden Männer kannte ich aus Hamburg, die beiden Frauen waren Kolleginnen von Ulf. Roland, der mir schon zu meiner ersten Hospitanz verholfen hatte, war mittlerweile nach Berlin gezogen und hatte an einem Off-Theater, das sind Theater, die kein Geld von der Stadt bekommen und alles selbst hinkriegen müssen, mit seinen lustigen Abenden für Aufsehen gesorgt. Er konnte sich dort relativ ungestört in Ruhe ausprobieren. Ohne Druck. Oder eher: mit weniger Druck. Im Stadttheater reden von Anfang an viel mehr Leute mit, und dann kommt die Zeitung und bewertet alles, was man tut. Das hat dann wieder Einfluss darauf, wie gern dich die Theaterleitung mag. Das ist in einem Off-Theater anders. Freier.

Roland stellte jedenfalls den Kontakt her und besorgte

den Raum. Die ehemalige Packhalle des Postfuhramtes. Wie alles in Berlin wahnsinnig groß. Und mittendrin. Berlin-Mitte, so hieß dann auch der Stadtteil.

Ich hatte die Schauspieler, den Ort und den Text. Viel mehr hatte ich mir nicht überlegt. Das Einzige, was ich wusste, war: Ich wollte das Stück mit Hilfe des Berliner Sommers von seiner Schwere befreien. Es geht darin um einen Bildhauer, der mit seiner Frau im Gebirge Urlaub macht. Das Gefühl von Urlaub sollte durch das Theater wehen. Das war mir wichtig. Die Fenster der Packhalle sollten deshalb weit offen stehen. Die milde Abendluft des Monbijouparks hineinwehen. Ulf sollte Klavier spielen, die Mädchen-Lieder von Queen Bee singen. *Noch so 'ne Nacht ohne dich.* Das alles in einem leeren Raum mit viel Platz für Gedanken. Leicht sollte es sein. Wie in einem französischen Film. Alles in vier Wochen. Vier kurzweilige Wochen in Berlin.

Schon kurz nach der Ankunft merkte ich, wie sich meine Art zu sprechen veränderte. Ich wurde schneller. Du weißt, dass ich ohnehin nicht langsam rede, aber meine Gedanken sprangen in einem immer höheren Tempo hin und her. Zu allem und jedem hatte ich ein Gefühl und eine erbarmungslose Meinung. Das fanden zunächst alle ganz unterhaltsam und ansteckend, denn lebhaft und lustvoll waren wir alle.

Bei der ersten Probe, der Leseprobe, ist es dann passiert.

Ich verliebte mich in Wiebke mit dem ersten Satz, den sie vorlas, und das war wohl der Startschuss. Oder ein weiterer Startschuss. Wie dieses Vitaminpräparat von Omi. Diese kleinen Fläschchen mit der rosa Flüssigkeit. Vitasprint. Knopf drücken, schütteln und los!

Irgendetwas in mir hatte den Knopf gedrückt.

In wie viele Frauen hast du dich denn noch verliebt, fragst Du Dich jetzt bestimmt. Ich kann es auch nicht erklären. Vielleicht passiert einem Erwachsenen das öfter mal. Nur, dass das Gefühl nicht so stark ist. Vielmehr eine Schwärmerei. So, wie wenn Du früher aus dem Kindergarten gekommen bist und gesagt hast, später würdest Du Nele heiraten, und am nächsten Tag war es dann Emma. Normalerweise können Erwachsene ihre Gefühle kontrollieren. Zumindest meistens. Um andere nicht zu verletzen. Aber ich habe es einfach nicht hingekriegt. Wiebke hat mich magisch angezogen. Ich musste das ausleben. Zwanghaft.

Ich war gefangen in diesem Gefühl, und gleichzeitig war das Leben so aufregend wie mit fünfzehn. Nur, dass ich mir wahnsinnig erfahren und weise vorkam, wie ein Großvater. Kann es denn ein schöneres Gefühl geben?

Nein, mehr geht nicht.

Ich kann nicht mehr.

Morgen mehr.

Papa

Mein lieber Matz,

ich bin ganz geschafft von gestern, und von der Schlaftablette merke ich immer noch etwas. Ich fühle mich betäubt. Wie nach einer Spritze beim Zahnarzt. Nur, dass das taube, pelzige Gefühl den ganzen Körper erfasst. Vor allem den Kopf.

Wo war ich? Berlin?

Berlin war großartig. In jeglicher Hinsicht. Ich hatte den Eindruck, die Stadt passe sich in Ausmaß und Form der Größe meiner Gedanken und Empfindungen an. Irene behauptete später, es sei genau andersherum gewesen. Berlin sei ein zu heißes Pflaster für mich. Diese wahnsinnig geraden, kilometerlangen Straßen mit ihren breiten Bürgersteigen. Immer genug Platz. Nie muss man jemandem ausweichen. Ein pulsierender Strom. Und ich mittendrin. Alles war sehr adäquat – solange ich das Gute, Wahre und Schöne aschenputtelartig vom abscheulichen Rest trennte.

Ulf und ich wohnten die ersten drei Wochen in der Wohnung seiner Exfreundin in Moabit. Dort war so ziemlich alles unadäquat, aber gleichzeitig kam ich mir inmitten des Drecks, des Abschaums und der Verelendung vor wie ein strahlender Prinz. Wie eine Art Jedi-Ritter, der sich auf alles einlassen kann, wenn er will, wie ein Schamane, ein indianischer Wunderheiler, der den Unwissenden die Weisheit bringt, aber nur von den Wissenden verstanden wird. Von den Profis eben.

Du und Mami, Ihr wart gefühlte Kontinente weit weg. Wir telefonierten wenig. Ab und zu kam eine euphorische SMS von mir. Mit dem Rest der Welt telefonierte ich umso mehr. Mit Freunden aus dem Theater. Kourosh und Phillip. Meine Erkenntnisse mussten schließlich mitgeteilt werden. Die Freunde waren anfangs gar nicht misstrauisch, weil ich lange Zeit niedergeschlagen und voller Zweifel gewesen war. Nun ging es endlich wieder aufwärts, die Tage flogen dahin und waren doch so lang und ereignisreich, wie sie nur im Sommer sein können. Eine längere Probe am Vormittag. Schwimmen im Schlachtensee. Joggen im Grunewald. Kochen in Steglitz, Essen gehen in Kreuzberg. Aber vor allem sitzen, trinken, reden. Überall war etwas los. Sommer eben. Berlin eben. Mitte. Prenzlberg. Mitte. Kreuzberg. Mitte. Das waren unsere Stadtteile. Kiez sagt der Berliner. Ich redete nicht mehr nur, ich hielt Monologe und verlor immer mehr die Fähigkeit zuzuhören. Ich berauschte mich an meinen eigenen Gedanken. Dazu kam ein Gefühl von Unverwundbarkeit und Größe – ich kannte keine Zweifel mehr. Schamlosigkeit würde es wohl eher treffen. Ich konnte gigantische Mengen

Alkohol trinken und hatte nie das Gefühl, besoffen zu sein. Wie auf Drogen. Dachte ich.

Wir gingen zum Benefizkonzert *Menschen in Afrika*, oder so ähnlich. Oder *Deine Stimme gegen Armut*. Der Anlass war mir vollkommen egal. Menschen in Afrika waren mir vollkommen egal. In Berlin feiern sich sowieso alle nur selbst. Vor allem die Künstler. Eine gigantische Heuchelei unter dem Deckmäntelchen der Betroffenheit. Gutmeinen ist gefährlich. Aber für mich war sowieso nur wichtig, während des Konzerts in den abgesperrten Bereich für die Ehrengäste von AOL gelassen zu werden. Die Internetfirma hatte viel Geld investiert, um ihren Ruf aufzupolieren. Wiebke kannte zum Glück jemanden, und so erhielten wir das begehrte Plastikarmband und einen unglaublich adäquaten Platz. Fünfzehn Meter zur Hauptbühne, ganz entspannt, mit viel Platz zur Entfaltung. Fünfhunderttausend Amateure hinter uns. Das Spektakel vor der Nase. Was für ein Gefühl! Ich kam mir vor wie ein König in seiner Loge. Abgetrennt vom Volk. Ha! Ich war der König von Berlin.

Der einzige Auftritt, der mich wirklich berührte, war der von Brian Wilson. Er hatte vor langer, langer Zeit mal eine Band. Die Beach Boys. Die Strandjungs waren sehr erfolgreich, als Deine Großeltern Teenager waren. Brian Wilson saß hinter einem riesigen Keyboard. So einem elektrischen Klavier. Hinter ihm ein Chor aus bildschönen schwarzen Frauen. Alle im schwarzen Kostüm. Wilson sang, und wenn er nicht Klavier spielte, vollführte er mit seinen Händen einen aberwitzigen Tanz, der völlig losgelöst von der Melodie und schier gegen den Takt gerichtet war. Er schien ganz bei sich und gleichzeitig nicht von dieser Welt zu sein. Es hatte etwas Göttliches. Beneidenswert.

Wenige Tage später kamen U2 ins Olympiastadion, das mit seiner größenwahnsinnigen Architektur der adäquateste Ort von allen ist. Das Stadion hatte Adolf Hitler für die Olympischen Spiele 1936 bauen lassen. Vorbild waren die antiken Sportstätten der Griechen. Während des Krieges wurden in den unterirdischen Räumen, den Katakomben, Zünder für Bomben hergestellt. Die Atmosphäre des Stadions setzte meiner euphorischen Grundstimmung die Krone auf. Natürlich waren wir auch hier Profis und bekamen die besten Karten zu einem Spottpreis. Direkt vor dem Stadion, kurz vor Beginn des Konzerts. Gerade als wir unsere Plätze erreichten, begann die Show. Großartig. Was für ein Timing. Im Sommer muss Musik einfach live sein, höre ich mich öfter sagen.

Nach dem Konzert geleite ich unsere kleine Gruppe sicher durch die Massen und lande, wie selbstverständlich, in einem chinesischen Biergarten. Wie geil. Entschuldige das Wort, aber es passt einfach. Ein chinesischer Biergarten – so etwas gibt es nur in Berlin. Draußen ist es rappelvoll, wir müssen uns irgendwo dazuquetschen. Zielstrebig steuere ich auf einen Tisch zu, an dem ein ziemlich durchgeknallter Typ sitzt. Ein Mann, der offensichtlich Männer liebt, ganz besonders junge, große. Er versucht mich die ganze Zeit zu provozieren, weil er annimmt, ich würde auch Männer lieben. Mein Einwand, ich hätte es probiert und zu langweilig gefunden, stachelt ihn umso mehr an. Er möchte mich erobern. Alberner Versuch. Mir wird das Ganze schnell zu dumm, und wir flüchten trotz Hitze nach drinnen. Dort trinken wir weiter. Das heißt, ich trinke. In abartiger Geschwindigkeit. Nun bin ich derjenige, der provoziert. Es bringt einfach zu viel Spaß. Fast bekomme ich von einem Amerikaner eins auf die Nase, der aussieht wie Lance Armstrong. Du weißt schon, dieser Radrennfahrer, der sieben Mal hintereinander die Tour de France gewonnen hat. Weil ich ihn immer wieder, durch den ganzen Raum brüllend, auf die Ähnlichkeit hinweise. Er tötet mich mit Blicken und droht mir. Ich setze noch einen drauf. »Lance ArmSTRONG, you know?« Armstark. Ha, ha. Ich finde mich unglaublich witzig und könnte immer so weitermachen. Aber bevor ich tatsächlich eins auf die Nase kriege, greift ein Altrocker aus Hamburg ein, der hinter uns sitzt. »Du Schietbüdel!«, weist er mich zurecht. Alle müssen laut lachen.

Allein das Wort löst Heimwehgefühle in mir aus. Ich kann wirklich in keiner anderen Stadt leben als in Hamburg, auch wenn ich hier in Berlin den Sommer meines Lebens erlebe.

Wir verlassen das Lokal, kaufen ein paar Flaschen Wein und fahren quer durch die Stadt zu Wiebke. Trinken, Reden, verliebtes In-die-Augen-Schauen. Sie schafft es, mich kurzfristig in meinem Redefluss zu unterbrechen. Sie erzählt von sich. Ihrer Familie. Ihren Wünschen.

Irgendwann schläft sie ein. Ich bleibe wach. Alles flirrt. Alles glüht. Ich brauche nicht zu schlafen. Ich bin ein Delphin. Die schlafen mit einer Gehirnhälfte, mit der anderen schwimmen sie einfach weiter. Immer weiter.

Papa

Mein lieber Matz,

gestern Abend war ich doch tatsächlich zu müde zum Weiterschreiben. Das liegt vielleicht auch daran, dass es mir immer noch sehr weh tut, über die Ereignisse zu berichten. Mami behauptet ja von sich, sie sei eine »Konfliktschläferin«. Wenn wir uns streiten, verkrümelt sie sich irgendwann einfach ins Bett und legt sich schlafen. Ich kann das nicht, ich muss immer alles vor dem Schlafen klären. Bereinigen. Sonst finde ich keine Ruhe. Jedenfalls war das bisher so. Dass ich gestern eingeschlafen bin, ist vielleicht einfach ein Schutzreflex meiner Seele. Denn diese letzten Tage in Berlin waren voller Extreme. Eine einzige Ausnahmesituation, die so lange anhielt, dass sie zur Regel wurde. Es ist alles noch so gegenwärtig, und ich bin froh, dass ich mit Hilfe der Meisensmarties ein paar Stunden Ruhe vor meinen kreisenden Gedanken gehabt habe.

Nun aber weiter mit Berlin. In der letzten Woche halte ich es in Moabit nicht mehr aus. Ich fühle mich eingesperrt, so als hätte sich das große Gefängnis, das in diesem Stadtteil liegt, über alle Straßen gestülpt. Ich will nur noch raus. Außerdem wird die letzte Woche mit den Endproben sehr anstrengend, und dafür brauche ich eine angemessene Atmosphäre. Deshalb nehme ich mir ein Zimmer im Hotel Schweizerhof. Der Kudamm, die alte Prachtstraße Westberlins, ist zum Greifen nah. Hier scheint mir alles strahlend, aufgeräumt und bekannt.

Im Hotel gehe ich sofort in den Wellnessbereich mit den Pools und den ganzen Saunen. Wiebke wartet schon auf mich – mit meinen neuen Schwimmshorts habe ich einen glänzenden Auftritt. Solche Hosen trug man in den fünfziger Jahren. Und jetzt wieder. Mit enganliegendem Bein, dunkelblau, mit einer kleinen Tasche für die Chipkarte des Hotelzimmers. Großartig. Die adäquateste Badehose, die ich je besessen habe. Wiebke und ich sehen aus wie ein Schauspielerpaar aus den Anfängen des Farbfilms.

Ich lasse einen Termin bei der Fußpflege für uns machen. Das brauche ich jetzt. Ich habe in den letzten drei Wochen zwei Paar Schuhe kaputtgelaufen. Kreuz und quer durch die ganze Stadt. Gigantische Strecken. Berlin ist riesig, und ich wollte nicht mit der U-Bahn fahren. Ich hatte genug Energie und mir auch eingebildet, die Stadt so besser kennenzulernen. Außerdem fand ich U-Bahn-Fahren grundsätzlich völlig unangemessen. Die Fußpflegerin hat Humor und ist aufrichtig angetan von uns. Natürlich erkennt sie, dass wir etwas Besonderes sind. Sie wird später zur Premiere kommen, genau wie der Verkäufer aus dem Lafayette, einem sehr großen

Kaufhaus, bei dem ich ein Sakko gekauft habe. Auch er ein Profi. Man erkennt sich. Man versteht sich.

Ich hatte die großartige Idee, die Präsidentensuite des Hotels zu mieten. Also das größte und teuerste Zimmer des Hauses. Gott sei Dank ist Wiebke kein Spielverderber, sie besteht aber darauf, die Kosten zu teilen. Na, wenn sie meint.

Es geht mir gar nicht darum, in dieser Suite zu schlafen, sondern um die Form. Um die Möglichkeit. Wo man doch schon mal da ist. Die Suite ist frei, und ein Mann von der Rezeption zeigt uns alles. Neben der beeindruckenden Stereoanlage und der eingebauten Sauna beschäftigt mich lediglich der Umstand, dass in der Küche eine grüne Kaffeemaschine von Jacobs Krönung aus Plastik steht, die in ihrer Schäbigkeit nicht zu übertreffen ist. Sieht aus wie ein Werbegeschenk. Oder wie direkt aus einem Campingwagen. Amateurhaft. Das geht doch nicht! Ich bin empört.

Ein kleiner Flügel steht vor der Wohnzimmerscheibe, dahinter ein Wahnsinnsblick über Berlin. Ulf muss unbedingt eine Nacht hier schlafen, wo er doch den ganzen Abend über im Theaterstück Klavier spielt.

Doch nun schnell wieder raus hier. Ab ins KaDeWe, ins Kaufhaus des Westens. Da ich überzeugt bin, dass die Premiere ein Erfolg wird, brauche ich natürlich ein adäquates Kostüm. Klassisch. Zeitlos. Ich werde schnell fündig. Der freundliche Herr bei Armani bietet mir an, die Hose ändern zu lassen. Sie zwickt etwas. Wissend lehne ich ab. Nein, der Anzug hat recht. Ich bin noch zu dick. Das kommt vom Saufen. Ich lasse den Anzug, so wie er ist, auf meine Suite schicken und erwerbe noch schnell ein rotes Hemd. Jacques Britt. Auch zeitlos. Zurück mit der Fahrradriksha. Weißt Du noch, wie wir mit so einem Ding mal um die Alster gefahren sind? Der Fahrer hatte diese tolle Hupe, mit der Du immer die Passanten erschreckt hast. Wir haben uns schlappgelacht. Leider hat mein Fahrer in Berlin keine lustige Hupe. Bisschen zu bescheiden. Ich glaube, der will tatsächlich sein ganzes Leben lang Rikschafahren. Habe ich auch mal gemacht, in Hamburg. Habe ich Dir das eigentlich erzählt? Bestimmt. Mann, war ich fit in dem Sommer. Richtig schlank. Ist schon länger her.

Vom Hotel direkt mit dem Taxi ins Theater, das ja leider sehr unpassend »Theaterdiscounter« heißt. Den furchtbaren Namen hat sich ausgerechnet Roland ausgedacht. Theaterdiscounter. Grauenhaft. Das sollte wohl darauf verweisen, dass hier auch Menschen mit wenig Geld Kultur genießen können. Stattdessen merkt man ganz schnell, dass hier in erster Linie Menschen mit wenig Geld Theater machen. Diese verhinderten Halbtagskünstler, die Frank dort um sich geschart hat, hausen im Erdgeschoss. Dabei könnte man das riesige Gebäude, das ehemalige Postfuhramt, von dem ich Dir in einem anderen Brief schon erzählt habe, zu einem adäquaten Theater machen. Mitten im Bezirk Mitte. Ja, genau. Und mein Büro ist ganz oben. Da in der Mitte. Oben in Mitte in der Mitte, als Intendant des Theaters in Mitte!!! Ha. Ha. Ha. Das habe ich gleich meiner Freundin Sonya am Abend der Premiere erzählt. Kourosh weiß es auch schon. Eigentlich alle. Mami müsste natürlich herkommen mit Dir, ist ja klar. Du wirst sehen, das wird einfach großartig. Wir schmeißen die Amateure alle raus, und dann geht's los. Ich muss nur noch mit den richtigen Leuten darüber sprechen. Am besten gleich mit dem Bürgermeister. Wem gehört eigentlich das Postfuhramt? Die Idioten vom Discounter wissen nichts oder antworten zu langsam. Die sind eh alle viel zu langsam. Wie der Rest der Welt. Die brauchen alle einen Taktgeber, sonst verharren sie in ihrer Totenstarre. Zombies. Amateure. Nu mal hopp, hopp, hopp.

Ich habe die Idee, die Generalprobe am Mahnmal abzuhalten und das Ganze zu filmen. Ein gigantisches Labyrinth aus Steinsäulen, das an die Juden erinnert, die während des Zweiten Weltkriegs ermordet worden sind. Ein faszinierendes Bauwerk mitten in der Stadt, das Peter Eisenmann entworfen hat.

Kurzerhand bitte ich Tina, die Assistentin, ein Taxi zu bestellen. Mercedes natürlich. Ich fahre nur noch in Autos mit Stern auf der Kühlerhaube. Ist klar. Der Herr Direktor und seine Schauspieler. Alle sind begeistert von meiner großartigen Idee. Nur eine Schauspielerin nörgelt ständig herum: »Das können wir doch nicht machen. Das gibt nur Ärger.« Sie fährt voll auf der Betroffenheitsschiene. Bitte sehr, soll sie doch. Ich lache ihre Bedenken einfach weg und nehme gleichzeitig alles noch persönlicher als sonst.

Als wir am Mahnmal ankommen, ist alles wie von uns

bestellt. Die Sonne geht gerade unter, und kaum jemand nimmt Notiz von uns. Ich lasse die Schauspieler den ersten Akt durchspielen und begleite sie mit der Handkamera. Ich komme mir vor wie der dänische Filmregisseur Lars von Trier bei den Dreharbeiten zu seinem Film *Idioten*. Nach dem letzten Satz von Wiebke blende ich ab. Alles fließt für einen Moment in einem schwarzen Bild zusammen. Dann ist es vorbei. Aus. Ab ins Taxi und zurück zum Theaterdiscounter. Dort angekommen, merke ich, dass ich versehentlich eine Reinigungskassette eingelegt habe! Ich unprofessioneller Idiot! Amateurhafter Tölpel! Aus Wut über mich schreie ich erst mal Jörg zusammen, unseren übergewichtigen Dramaturgen. Ich werde richtig ausfallend. Die Wörter, die jetzt kommen, solltest Du sofort wieder vergessen, ich lege Dir gleich mal 10 Euro für die Schimpfwortkasse bei.

»Du verfettetes Stück Scheiße! Wie kann man nur so dumm sein? Du Armleuchter. Vollspacken! Das ist wieder mal typisch. Da überlässt man einem Dramaturgen einmal etwas Praktisches! Du solltest die Kamera besorgen. Du hättest sie checken müssen, du Spast. Du bist einfach zu dick! Auch im Kopf. Meine ich ganz ernst. Nee, wirklich. Zu fett.«

Zum Glück fangen Ulf und David an zu lachen, und die anderen lassen sich davon anstecken. Meine Wut und mein Frust weichen schnell der Gewissheit, dass dieser Moment einzigartig war und damit der Größe unseres Unternehmens angemessen. Ich weiß jetzt, dass einem Erfolg nichts mehr im Weg steht.

Wir fahren gemeinsam zum Essen ins Block House. Dein Lieblingslokal. Meins auch. Als Kind schon. Damals wegen des Spielzeugs, heute wegen des Fleisches. Fleisch muss es sein.

Nach dem Essen bekomme ich auf einer Verkehrsinsel mitten auf der großen Straße vor dem Lokal meinen ersten großen Weinkrampf. Ich heule wie seit Jahren nicht mehr. Wie ein übermüdetes Kind kann ich gar nicht mehr aufhören. Es tut so weh. Ich kann nicht mehr. Alles wird mir zu viel. Schlagartig weicht jede Stärke aus mir. Ich bin nur noch eine leere Hülle, ein verschrumpelter Ballon, dem die Luft ausgeht. Wiebke redet auf mich ein. Dass ich zu schnell bin. Dass ich Leute verletze, dass ich mich selbst verletze. Dass keiner mehr mein Tempo mithalten kann. Auch sie nicht mehr. Sie sagt, sie müsse schlafen, schließlich sei morgen Premiere. Sie sagt, sie habe keine Kraft mehr.

Ich wusste bis vor zwei Minuten gar nicht, wohin mit meiner. Und nun plötzlich diese abgrundtiefe Verzweiflung. Der Graben zwischen mir und den anderen wird immer größer. Wenn mich nicht einmal mehr die Menschen verstehen, die ich liebe. Wenn sich selbst die zurückziehen. Zum ersten Mal weiß ich, was Weltschmerz bedeutet. Die ganze Welt schmerzt mich. Es zerreißt mich. Liebe und Hass haben mich in einem Ausmaß in Besitz genommen, das mich umherwirbelt wie in einem Tornado.

Die Mailbox meines Handys quillt über vor Anrufen in Abwesenheit. Alle scheinen aus der Ferne in Sorge.

Die Familie, die Freunde. Ich kann überhaupt nicht verstehen, warum. Alle bloß neidisch. Die wollen mich nur ausbremsen. Genau! Haben die überhaupt eine Ahnung, vor welch bahnbrechenden Aufgaben ich hier stehe? Ich weiß nicht mehr, wem ich was gesagt habe. Habe ich Ada schon erzählt, dass ich mich entschieden habe, hierzubleiben? In Berlin? Dazu gibt es schlicht keine Alternative. Muss sie halt mit Dir herkommen. Und was wird dann mit Wiebke? Ada wird sich schon damit arrangieren. Große Menschen kann man nun mal nicht für sich behalten, Profis kann man nur teilen.

Mami weint am Telefon.

»Hör doch mal mit dem Weinen auf, ist ja schrecklich.« Das ist mir alles zu viel.

Ich rufe ihre Mutter an und befehle ihr, sich um Ada zu kümmern. Ausgerechnet Omi, die sich eh schon so viel sorgt.

Irgendjemand hat meinen Vater angerufen, der plötzlich in der Stadt auftaucht. Er ist ganz unbeholfen, aber er freut sich für mich. Weswegen, verstehe ich nicht so richtig. Er glaubt ernsthaft, ich würde es besser machen als er selbst. Er hat die Familie verlassen, als ich so alt war wie Du jetzt. Nun wohnt er bei Ulf in Moabit, die beiden hängen den halben Tag vor dem Fernseher und gucken die langweilige Tour de France mit dem bekloppten Texaner Lance Armstrong. Beide beklagen sich bei mir, dass es anstrengend sei, so eng aufeinanderzuhocken. Das ist mir egal. Für mich war es auch immer anstrengend. Alles. Mit euch anderen.

Auf dem Weg zu Wiebke heble ich einen orangefarbenen Mülleimer von einem Laternenmast. Genau zwischen Monbijoupark und Museumsufer. Das wird die Kasse sein, ich muss sie nur noch auswaschen und anschließend mit Leinenhandtüchern auslegen. Im Discounter gibt es einen einheitlichen Eintrittspreis von zehn Euro. Genauer: 9,99 Euro. Das hat Roland eingeführt und war vielleicht mal witzig. Passt für mich aber gerade gar nicht. Wenn unsereiner in diesem Laden schon umsonst arbeitet und noch Geld mitbringt, soll keiner etwas bezahlen müssen. Höchstens in Form einer freiwilligen Zuwendung. Wir machen den Zuschauern ein Geschenk, und wenn sie wollen, können sie uns auch eines machen. Wenn nicht, dann eben nicht.

Mein Anzug ist zerrissen, und ich stinke wie ein Penner, die ganze Müllsuppe hat sich über mich ergossen. Ich trage den Mülleimer, hingebungsvoll wie Jesus sein Kreuz nach Golgatha, über die Museumsbrücke zum Theaterdiscounter, wohl ahnend, dass morgen Abend etwas endet. Nicht ich. Aber zumindest der Wahnsinn in Berlin muss ein Ende nehmen.

Ich soll Wiebke in Ruhe lassen. Das hat jetzt auch David gesagt, der andere Schauspieler, der den Bärentöter spielt. Und mein Vater. Vorhin beim Abendessen. Ich kann aber nicht alleine sein heute Nacht. Sonst stelle ich noch etwas an. Ich gehe mit ihr und versuche ruhig zu sein, während sie schläft. Ich schreibe Einladungen. Etwas kurzfristig, aber das fällt mir gar nicht auf. Alle wichtigen Menschen von der Zeitung und dem Fernsehen lade ich ein. Und natürlich Frisch. Meinen großen Theaterlehrer. Er hat wirklich diese Weisheit, und ich dachte, ich hätte ein wenig von ihr abbekommen. Aber wenn ich dann vor den Schauspielern stand und versuchte, sie anzuwenden, war da nichts. Kam nichts. Kein Blitzen. Kein Strahlen. Keine Weisheit.

Frisch könnte jedenfalls endlich mal kommen. Sich was von mir ansehen. Und von Frei, sein Ausstatter. Der erst recht. Dem bringe ich seine Einladung gleich persönlich. Der leidet doch auch immer so unter den Amateuren. Das haben wir in unzähligen Nächten bei Whiskey und Zigaretten in Hamburg besprochen.

Ich schätze Ihre Arbeit sehr und freue mich, wenn Sie kämen, schreibe ich auf die Einladung. Höflicher und formvollendeter kann man nicht sein. Das geht auch nur zu dieser vorgerückten Uhrzeit. Morgens um drei.

Endlich dämmert es, und ich packe meine Habseligkeiten zusammen. Es dauert unverschämt lange, bis ich ein Taxi bekomme, aber das Warten hat sich gelohnt. Die Fahrerin ist eine etwa vierzigjährige Französin. Sie trägt eine schwarze Anzughose und darüber eine weiße Bluse. Genau so hatte von Frei einmal eine Schauspielerin für Kleists Stück *Amphitryon* angezogen – weil die ukrainische Fitnesstrainerin von Frisch so aussah. Der Alte ist vor den Proben immer mit seinem kleinen grauen Turnbeutel in so ein Studio abgezogen. Großartig.

Die Französin fährt mich wohlklimatisiert zu Johann, ohne ein Wort darüber zu verlieren, dass ich immer noch stinke wie ein Penner. Ich weiß genau, wo er wohnt, dabei war ich erst einmal bei ihm. Er hat ein wunderschönes dreistöckiges Haus in einem Hinterhof in der Nähe der Hackeschen Höfe. Sein Assistent öffnet mir. Ich versuche, mich zusammenzunehmen, aber als ich Johann gegenüberstehe, drängt alles unkontrolliert aus mir heraus. Ich schimpfe über den Zustand des deutschen Theaters und darüber, dass ich dieser unerträglichen Situation ausgeliefert bin. Alles Amateure, Nichtskönner. Johann ist entsetzt und bietet mir ratlos ein Glas Wasser an. Er versteht nicht wirklich, warum ich gekommen bin.

»Eine Einladung? Ja. Gut. Und wo ist das?«
»Monbijoustraße.«
»Aber Theaterdiscounter? Was ist denn das?«

Klar, dass der den nicht kennt. Der hat sein ganzes Leben lang noch nicht an einem Off-Theater arbeiten müssen.

Während ich in sein fragendes Gesicht sehe, erahne ich für eine Millisekunde die Dimension meines verzweifelten Auftritts. Was mache ich auch hier?

Der Junge sollte erst mal etwas studieren, hat Frisch angeblich mal gesagt. Er hat recht, denke ich für einen Augenblick. Ich habe kein Fundament. Ich habe keine Weisheit. Kein Konzept. Ich muss immer alles aus mir heraus schöpfen. Mich immer wieder erklären. Wie soll das gehen? Oft geht es ja auch gar nicht, weil die Schauspieler sich nicht darauf einlassen wollen. »Wo kommt der eigentlich her, der Schnösel?« Entsetzen und Kopfschütteln über meine Konzeptlosigkeit.

Ich bin schlagartig erschöpft und rette mich mit einem Taxi in mein Hotel.

Frühstück. Ich habe seit gefühlten achtundvierzig Stunden nichts gegessen, und oben in der Suite schläft Ulf. Den will ich so früh nicht wecken, der soll ja die Premiere spielen. Nachher. Es ist noch so unerträglich viel Zeit bis dahin.

Mit großer Geste befehle ich dem Servicepersonal, einen Vierertisch von den eingedeckten Tellern und der Tischdekoration zu befreien.

Wieder diese ratlosen Gesichter. Ich könnte zuschlagen. Die sind alle so dumm, dass es weh tut. Wenigstens räumen sie das Zeug schließlich vom Tisch. Langsam und sichtlich irritiert, aber immerhin.

»Kaffee oder Tee, der Herr?«

»Beides!«

Der Herr! Dass die meinen Namen noch nicht kennen. Schließlich wohne ich in der Präsidentensuite! Habe ich doch gerade gesagt, oder? SCHLÖSSER! Amateure, wohin man sieht. Ich bilde das gesamte Buffet auf meinem Vierertisch ab und esse alles auf! Danach fühle ich mich voller Kraft und gar nicht schwer, als sei das Essen verpufft. Hochleistungsmotor.

Ich beschließe, die Zeit bis zum Abend im Wellnessbereich zu überbrücken. Mit leichter Lektüre, versteht sich. Hochglanzmagazine. Das ist jetzt genau das Richtige. Am Tresen, an dem ich zunächst mein Handgepäck abgebe, erwartet mich die Ausgeburt an amateurhaftem Aushilfstatbestand. Ein armer Tropf in Uniform, der vermutlich seinen ersten Arbeitstag hat. Der Presseständer ist so wenig gefüllt wie zu Zeiten der DDR, wo es kaum etwas gab in den Läden.

»Entschuldigen Sie, junger Mann, mein Name ist Schlösser, und ich bewohne die Präsidentensuite. Finden Sie, dass das ein adäquater Presseständer ist?«

»Wie meinen Sie das? Was brauchen Sie denn?«

»Was ich brauche? Mann. *Süddeutsche. FAZ. brand eins. Monopol. New York Times. Vogue. Wallpaper.* Jetzt aber mal zack, zack. Oder glauben Sie, ich nehme eine *Neue Post* mit in den Wellnessbereich?« Das ist so eine billige, dünne Zeitung, in der nur ausgedachte Geschichten über Könige und Prinzessinnen stehen und solche, die sich dafür halten. Das Papier ist schon so dünn, damit kann man sich nicht einmal den Hintern abwischen.

Der junge Mann flieht mit angstverzerrter Miene in ein Hinterzimmer. Toll. Selbst so einer hat einen Rückzugsraum. Kann doch alles nicht wahr sein. Ich blättere neunhundert Euro hin und bin immer noch ungeschützt, und so eine kleine Schranze biegt kurz um die Ecke und ist weg. Ohne abzuwarten, stapfe ich in den Wellnessbereich. Dort angekommen und in Windeseile in die Badehose gepellt, begegnet mir das nächste Unglück. Statt der netten, umsichtigen Dame von neulich steht nun ein komisches Etwas vor mir. Mann? Frau? Fragend jedenfalls.

»Sie wünschen?«

Was kann ich schon wollen.

»Bademantel und Handtücher?«

Richtig.

Ich nehme den Bademantel entgegen, sehe erst ihn ungläubig und dann das Etwas fordernd an.

»Stimmt etwas nicht?«

»Nochmals. Mein Name ist Schlösser, und ich wohne in der Präsidentensuite.«

»Und?«

»Und??? Sehe ich aus wie der Präsident? Nein. Ich sehe aus wie ein Clown. Wie ein böser Clown, um ganz genau zu sein. Wenn ich nicht sofort einen passenden Bademantel bekomme, drehe ich durch.«

Angsterfüllt eilt das Etwas zum Telefon. Ich entscheide mich, erst einmal schwimmen zu gehen. Und tatsächlich. Als ich aus dem Wasser steige, steht das Wesen mit einem schweren, strahlend weißen Bademantel am Beckenrand. Geht doch. Fühlt sich gut an. Ganz dicker Stoff. Den ziehe ich nicht mehr aus. Ich bestelle einen »Caesar's Salad« und erkundige mich bei dem nervösen Aushilfsbademeister nach der Irrenanstalt für Profis.

»Irrenanstalt für Profis? Charité?«

»Nein. Die, wo die richtigen Spinner hinkommen.«

»Bonhoeffer-Institut für Nervenheilkunde. Berlin-Mitte. Oranienburger Straße.«

Bingo. Das ist genau um die Ecke vom Theater. Wenn das mal kein Zufall ist.

Auf ein leeres Blatt Papier notiere ich: *Meine lieben Freunde, meine neue Adresse lautet von heute an: Bonhoeffer-Institut für Forensische Psychiatrie. Oranienburger Straße, Berlin-Mitte ...*

Wortlos verlasse ich das Schwimmbad. Den Zettel lasse ich aus Versehen liegen. Auf dem Weg zur Rezeption erfasst mich der Wunsch, mit dem Regierenden Bürgermeister der Stadt über den Intendantenposten im neu zu schaffenden Theater in Mitte zu sprechen. Guter Mann. Mit Sinn für Glanz. Ich verlange sofort einen Wagen mit Stern. Das Personal ignoriert mich in der Hoffnung, so weiteren Schaden von sich und dem Hotel abwenden zu können. Langsam wissen sie doch, wer ich bin. Nur nicht so, wie ich mir das vorstelle. Idioten. Mit großer Geste werfe ich mitten in der Lobby meine große schwarze Kuriertasche ab und steige in das erste parkende Taxi vor der Tür. Im Bademantel. Der Herr ist Libanese und liest ein deutsches Buch. Recht so. Auf zum Roten Rathaus. Dort angekommen, stehen zwei Streifenbeamte vor dem Eingang, die mir in breitem Berliner Dialekt erklären, ihr Chef sei nicht daaaa, weeste. Uuurlaub.

Na toll. Wenn ich nur wüsste, wo. Mein Kostüm stimmt, da bin ich mir sicher. Im Leben kommt überhaupt alles nur auf das richtige Kostüm zur richtigen Zeit an. Könnte ja passender nicht sein. Der Bürgermeister trägt bei der Hitze bestimmt auch gerade einen weißen Bademantel. Und hängt bei Frau Christiansen im Garten ab, dieser ehemaligen Talkshowmoderatorin aus dem Fernsehen, mit der er befreundet ist. Der Fahrer möchte mich loswerden und setzt mich vor dem Theaterdiscounter ab. Geld will er keins. Ich hab auch keins. Der Discounter ist zu. Ich habe meinen Schlüssel verloren und komme nicht rein. Ich gehe rauchend auf und ab. Die Zigaretten hatte ich schlauerweise in die Bademanteltasche gesteckt. Eingehüllt in den weißen Stoff, fühle ich mich wie ein Beduine. *Lawrence of Arabia!* Auch eine tolle Geschichte. Müssen wir unbedingt zusammen lesen. Ein anderes Mal.

Es dauert nicht lange, und eine vierköpfige Polizeistreife kommt auf mich zu, die mir mitteilt, sie sei nicht für mich zuständig. Ich muss hysterisch lachen, schließlich sind die doch zu mir gekommen!

Nun ja. Dann suche ich mal die für mich Zuständigen. Ich pilgere durchs Viertel, nerve ein Filmteam, indem ich mich als Erscheinung und Statist aufdränge. Ich beziehe nun wirklich alles auf mich. Sogar ein kreisender Polizeihubschrauber zeigt sich meinetwegen am Himmel. Die suchen mich. Wollen mich filmen. Ist doch klar. Aber die kriegen mich nicht, die nicht. Ich suche Schutz unter einer Markise. Es ist heiß. Dreißig Grad, die Hitze staut sich unter dem Stoff. Ich muss weiter. Im Schaufenster einer kleinen Boutique in der Oranienburger Straße erblicke ich eine gerahmte Stellenausschreibung. Gesucht wird eine weibliche Aushilfe zwischen 25 und 35 mit modischem Sachverstand und freundlichem Wesen. Beim Geschlecht haben sie sich geirrt. Aber sonst bin ich gemeint. Ganz klar. Das ist die adäquate Gelegenheit, die Zeit bis zum Eintreffen der Discounteramateure möglichst unterhaltsam zu überbrücken. Die beiden dunkelhaarigen Verkäuferinnen sind mir wohl gesonnen. Das spüre ich sofort. Sie bleiben entspannt und sind amüsiert. Sie schreiten selbst dann nicht ein, als ich anfange, Verkaufsgespräche zu führen. Auch die Kundinnen sind nicht durchgehend irritiert und machen den vermeintlichen Spaß mit, in der Annahme, dass das eben Berlin sei. Ist ja total verrückt hier. Ich verkaufe sehr gut, vor allem an eine ältere Kundin, die ich sofort als meine Sekretärin engagieren möchte. Sekretärin des Intendanten. »Wie wäre das? Klingt doch gut, oder?« Sie lacht verschämt wie ein kleines Mädchen. Da sie gerade ihren Job verloren hat, freut sie sich über meine Komplimente. Zwischendurch mache ich auf der hölzernen Bank vor dem Laden eine Pause. Vom Eigentlichen. Vom Warten auf die Vorstellung. Dem Beginn der Premiere. Vom eigenen Wahnsinn.

Die Mädchen bringen mir abwechselnd immer neue Gegenstände nach draußen, die ich wirkungsbewusst bespiele. Requisiten. Seifenblasen, gelbe Papierbögen und Wasser in allen zur Verfügung stehenden Zuständen und Gefäßen. Kaltes Wasser, warmes Wasser, Eiswürfel. Sie haben sich vollkommen auf das Spiel mit mir eingelassen. Ich habe den Bademantel längst abgelegt, denn es ist viel zu heiß. Ich komme mir unglaublich attraktiv vor und posiere in meiner blauen Badehose. Genüsslich lasse ich Eiswürfel auf meiner Brust zerschmelzen. Ein VW-Bus fährt vorbei, und ein Punker spuckt vor mir aus. »Bääh. Scheiß Mitte-Snobs.« Ich bin die fleischgewordene Gentrifizierung. So nennt man das, wenn auf einmal reiche Leute in einen eher ärmlichen Stadtteil ziehen und die alten Bewohner rausdrängen. Dann steigen die Mieten, alles wird schick und teuer, und die Armen müssen wegziehen. »Fahr mal ganz schnell zurück nach Kreuzberg«, antworte ich genüsslich und fühle mich wie die Wiedergeburt von Falco. *Männer des Westens sind so, Männer des Westens sind so, Männer des Westens sind so, sind so, sind so restlos intercool!* Das ist dieser österreichische Sänger mit zurückgegeltem Haar. Ein Megasnob! Meine erste selbstgekaufte Musikkassette war von ihm. Da war ich so alt wie Du jetzt.

Die Mädchen haben sich gerade eine neue tolle Beschäftigung für mich überlegt, als ein Streifenwagen mit einiger Geschwindigkeit auf das Geschäft zuhält. Wie im Fernsehen. Es sind diesmal zwei Beamte, die für mich zuständig sind und mich ausgesprochen höflich bitten mitzukommen. Die Mädchen sind entsetzt, sie möchten sich noch für mich einsetzen, aber alles geht viel zu schnell. »Kommt doch nachher zur Premiere!« Ich winke noch aus dem Polizeiwagen und muss mich innerlich über all das totlachen. Gibt es doch gar nicht. Unglaublich. Dabei finde ich mich aber ganz normal. Verrückt sind die anderen.

Es geht in die Charité, das größte Krankenhaus in Berlin, und ich erfahre, dass die Polizisten vom Hotel beauftragt worden sind. In meiner Tasche haben sie lauter Einladungen für die Vorstellung gefunden und den Zettel mit meiner neuen Adresse. Ausgesprochen nett finde ich, dass die Polizisten meine Kuriertasche dabeihaben, mit all den Dingen, die ich ganz dringend für die Vorstellung benötige. Beim Off-Theater muss man ja alles selbst machen.

Im Foyer der Charité wartet Kistner auf mich, ein ehemaliger Kollege aus dem Schauspielhaus. Bei ihm habe ich in der Vorbereitungszeit ein Wochenende lang gewohnt. Er ist kalkweiß und fast panisch. Ich finde das unangemessen und gebe mich amüsiert. Ist doch gar nichts passiert. Alles nur, weil dieses amateurhafte Theater nicht offen war. Keiner da, keiner erreichbar. In ein richtiges Staatstheater kann man rund um die Uhr. Da sitzt immer einer am Bühneneingang. Ein richtiger Pförtner. Und hier? Ausgerechnet in Berlin wird man gleich obdachlos, nur weil man seinen Schlüssel verloren hat. Der eigene Anteil an dem Schlamassel bleibt mir bis auf weiteres verborgen.

Der Gang der psychiatrischen Notaufnahme ist endlos lang und die wahre Wiedergeburt der Hölle. Alle Zimmertüren stehen weit offen. Die Ärzte tragen weiße, die Pfleger blaue Kostüme. Ganz am Ende steht ein Tisch mit einem Stuhl. Auf den soll ich mich setzen.

»Hier, Herr Schlösser. Sie müssen viel trinken.«

»O ja. Ich mache den ganzen Tag schon nichts anderes.«

Während sich einer der Polizisten auf die Suche nach dem zuständigen Arzt macht, bleibt der jüngere bei mir. Er wirkt interessiert, also erzähle ich ihm von der bevorstehenden Premiere und von dem, was heute schon alles passiert ist. An manchen Stellen kann er sich ein Grinsen nicht verkneifen. Aber jetzt kommt's. Sein Kollege steuert in Begleitung einer Frau auf uns zu. Sie ist ungemein dick und hat ihr blondes Haar tölpelhaft und unregelmäßig mit roter Hennafarbe gefärbt. Sie trägt ein blaues Kostüm mit einem selbstgebastelten Namensschild. Ich breche in hysterisches, gehässiges Gelächter aus und falle ihr in die Begrüßung.

»Das ist ja wohl ein Witz! Sie wollen beurteilen, ob ich verrückt bin? Denn das ist ja wohl der Sinn der Veranstaltung hier. Niemals. Sie sind ja selbst verrückt. Sie tragen Blau, also sind Sie gar keine Ärztin, und außerdem steht auf Ihrem selbstgemalten Namensschild: Tamara Karambula! Hahaha!«

Ich drehe durch. Tamara Karambula. Die Polizisten beschwichtigen mich. Ich solle mich beruhigen: »Das ist gemein, Herr Schlösser.«

Nein. Gemein ist das hier. Ich will mich nicht beruhigen, solange kein Profi zu meiner Beurteilung erscheint. So weit kommt es noch, dass ich mich von einem Amateur ins Wolkenkuckucksheim einweisen lasse!

Tamara Karambula tritt kopfschüttelnd und in Begleitung des Polizisten ab.

Wieder dauert es unendlich lange. Aus den Zimmern dringen laute Schreie. Wird da jemand ans Kreuz genagelt?

»Wenn der nicht gleich aufhört zu brüllen, bring ich ihn um. Ehrlich.«

»Nein, Herr Schlösser. Ganz ruhig.«

Ich meine das vollkommen ernst. Hier wird man verrückt, bei dem ganzen Zirkus, den die hier abziehen! Da kann man noch so gesund sein. Ich komme mir vor wie in einem Horrorfilm. Die Schreie hören einfach nicht auf.

Nach einer Weile habe ich eine Erscheinung. Von ganz hinten, vom anderen Ende des Flures, sehe ich einen kleinen, weißen Kittel auf mich zufliegen. In ihm steckt ein geschlechtsloses Wesen, das abrupt vor mir abbremst. Aus der Nähe erkenne ich, dass die Erscheinung eine Frau ist und endlich der Profi, auf den ich seit gefühlten Stunden warte. Die Leiterin der psychiatrischen Notaufnahme fragt die wichtigsten Eckdaten ab. Was ist passiert? Warum sind Sie hier? Wie viel haben Sie in der letzten Zeit geschlafen?

Ich erzähle ihr, dass ich leider momentan unabkömmlich sei, verspreche ihr aber, bei Nichtgefallen der Aufführung freiwillig zum Schlafen zu ihr zu kommen. Ich muss ausschlafen. Mich erholen. Ja. Das möchte ich wohl tun. Wenn es gut läuft, wovon ich ausgehe, dann bringt mich mein Onkel nach Berlin-Schmargendorf, wo Irene wohnt. Das ist eine ganz alte Freundin der Familie und Hans-Peters beste Freundin. Sie hat ein riesiges Haus, und er wohnt immer bei ihr, wenn er mal in Berlin ist.

Ich darf gehen.

Die Polizisten sind so nett und fahren mich ins Theater. Wird auch Zeit. Es ist schon halb sieben, um neun soll es losgehen. Und nichts ist gemacht. Kistner ist schon da. Mein Vater auch. Sie versuchen, mich zu beruhigen. Tatsächlich regen sie mich immer mehr auf. Ständig stehen sie mir im Weg herum. Wie soll ich das alles denn noch schaffen, wenn sie dauernd auf mich einreden? Ich reagiere immer heftiger auf ihre Worte. »Haut ab, oder macht euch nützlich. Ich muss noch putzen. Das seht ihr doch. Und ihr habt nichts Besseres zu tun, als hier auch noch die Aschenbecher vollzuqualmen!« Ich lasse sie stehen und mache mich auf den Weg zu den Toiletten. Sie erinnern mich an Bahnhofsklos und sind einfach erbärmlich. So etwas darf nicht sein. Ich ertrage keine Form von Schmutz, von Hässlichkeit oder abgestorbener Materie. Das Grauen. Ein Eimer, ich brauche unbedingt einen Eimer Wasser. Zum Glück habe ich eine Flasche irrsinnig teurer Sonnencreme zum Sprühen in meiner Tasche. Die habe ich von Ada. Sie hat als Maskenbildnerin einfach die tollsten Cremes. Jedenfalls bin ich verrückt nach dem Duft und gebe einen kräftigen Spritzer zum Wischwasser dazu. Wird doch langsam. Im Damenklo stelle ich Seifen und Cremes auf, die ich für diesen Zweck extra aus der Präsidentensuite entwendet habe. Ich will diesen vernachlässigten, abscheulichen Ort für einen Abend zu einer Oase der Schönheit und des Trostes machen. Meines Trostes. Das habe ich mir verdient.

Langsam treffen die Leute ein. Ich habe sehr viele Menschen eingeladen. Freunde, Bekannte aus dem Theater, Leute, denen ich während der letzten drei Wochen in Berlin begegnet bin. Die ankommenden Gäste reagieren sehr unterschiedlich auf mein Kostüm und mein eifriges Putzen. Meine Familie hat aufgegeben. Komm, lassen wir ihn in Ruhe, bis es anfängt.

Nun muss ich nur noch den orangen Mülleimer in die Toilette schleppen, um ihn auszuwaschen. Mist. Da kann ich gleich noch mal wischen. Zwischendurch begrüße ich den einen oder anderen. Ein Gespräch ist nicht möglich. Die Profis erkennen das auch gleich. Ich muss weiter, die Bühne inspizieren.

Die Schauspieler treffen ein, und ich verwechsle ihre Irritation über meine Putzaktion mit Anspannung. Die sollen mich bloß damit in Ruhe lassen. Hingebungsvoll feudle ich das Wort »Danke« auf die Spielfläche. Statt Premierengeschenken. Verschenkt habe ich mich schon genug.

Kurz nachdem ich endlich in mein erstes Premierenkostüm gestiegen bin – blaue Badehose, Jeans, rosa Hemd, braunes Samtsakko, graue Turnschuhe –, kommen wieder Polizisten, um mich abzuholen. Sie behaupten, die Schauspieler wollten nun endlich in Ruhe ihre Premiere spielen. Das ist ja lustig. Was mache ich denn die ganze Zeit? Schaffe ich nicht seit Wochen mit unglaublichem Kraftaufwand erst die Bedingungen, dass die *ihre* Premiere spielen können? Schauspieler sind im Grunde eben auch alle, entschuldige bitte den Ausdruck, rückgratlose Arschlöcher!

Es ist Punkt neun Uhr. Ich habe alles geschafft. Draußen der erste Lichtblick. Ich entdecke Kourosh, meinen Freund. Komm, hol mich hier raus. Wir gehen in den Monbijoupark gegenüber. Hans-Peter und Irene kommen dazu. Sie fragen, ob ich etwas brauche. Wasser, aber bitte kalt und aus einer Glasflasche. Während ich auf das Getränk warte, erreicht die Helferclownerie um mich herum ihren Höhepunkt. Vor mir stehen plötzlich zwei Gestalten, wie sie hilfsbedürftiger nicht aussehen könnten. Sie behaupten allen Ernstes, sie seien von der

Kriseninterventionszentrale Berlin, einer Art Erste-Hilfe-Station für Meisenträger.

»Ihr habt ja selber die Krise. Schaut euch doch mal an. Und Sie können nicht mal richtig reden mit Ihrem Sprachfehler.« Der eine hat eine Hasenscharte und spricht dadurch stark durch die Nase. Vollkommen unadäquat. »Ich brauche Ihre Hilfe nicht. Danke für Ihre Mühe. Nein, wirklich.« Abgang. Von wem waren die denn?

Hinterher stellt sich heraus, dass mir eine befreundete Schauspielerin die beiden Freaks auf den Hals geschickt hat. Carola hat selbst eine verrückte Mutter und meinte es nur gut mit mir. Schön, dass alle über mich sprechen, nur keiner mit mir. Ich höre immer wieder die Stimme von Irene, die gebetsmühlenartig behauptet, Berlin sei einfach zu heiß für mich. Auch eine schöne Erklärung. Hans-Peter weiß es am besten. Sein Sohn George ist ebenfalls manisch-depressiv. Er weiß, was gerade passiert und dass er mich nur sehr bedingt erreichen kann. Unaufdringliche Überwachung. Kourosh ist einfach nur da. Ohne Bewertung. Ohne Anliegen. Ohne Angst. Das beruhigt mich zumindest so weit, dass ich neben ihm im Gras einschlafe. Tiefschlafphase. Seit Tagen das erste Mal. Ich wache erst vom Applaus auf. Das Stück ist ein Erfolg. Hab ich doch gesagt. Triumphgefühl.

Die Gesichter, in die ich nach der Aufführung blicke, sind von jeglicher Angst bereinigt, offen und wohlwollend. Das Geschenk ist angekommen. Auch bei mir.

Ich wechsle mein Kostüm, ziehe den schwarzen Armani-Anzug an und erlebe die kürzeste Premierenfeier meines Lebens. Es scheint, als wollten alle nur rasch weg. Weg von hier oder weg von mir? Egal.

Auch für mich ist Schluss. Ich will nur noch weiterschlafen und lasse mich evakuieren. Aus der Gefahrenzone bringen.

So.

Bis hier.

Mein Arm tut weh.

Papa

Lieber Matz,

wir fahren durch das nächtliche Berlin hinaus nach Schmargendorf. Westberlin. Irene bewohnt dort ein dreistöckiges Haus. Sie lebt mit ihren fünf abartig schönen, aber völlig gestörten Hunden im Erdgeschoss. Unfassbar ist, wenn die fünf Hunde abends nebeneinander auf dem Sofa sitzen und fernsehen und man nur mit einer Peitsche bewaffnet an ihnen vorbei auf die Toilette kommt. Die oberen Geschosse sind Gästewohnungen, dienen in Wahrheit aber der Lagerung ihrer Schätze. Irene hat die Angewohnheit, von einer Sache gleich ein Dutzend anzuschaffen. Gefällt ihr ein Pullover, so kauft sie ihn in allen verfügbaren Farben. Das ganze Haus erstickt unter einer Lawine von Dekorationsartikeln. Kerzenständer, Windlichter, Schälchen, Vasen, Deckchen, Gläser und so weiter.

Alle sind müde. Trotzdem sitzen wir noch eine Weile auf der Terrasse. Die Hunde haben den Garten in eine abstrakte Kraterlandschaft verwandelt. Ich löffele ruhig und zufrieden einen halben Liter Karamelleis, das ich an der Tankstelle gekauft habe. Und ich trinke kaltes klares

Wasser. Alle scheinen zu wissen, wie nun alles wieder gut werden soll in meinem Leben. Wie es weitergehen soll. Sie sind schon dabei, das Vergangene einzuordnen. Mir ist das leider nicht möglich. Auch wenn ich nun etwas ruhiger bin. Der Plan ist, dass wir den nächsten Tag noch in Berlin verbringen und Kourosh sich abends die zweite Vorstellung ansieht. Die erste hat er ja verpasst, weil er mit mir im Park geblieben ist. Anschließend will er mich nach Hamburg bringen, zurück zu Ada.

Am nächsten Mittag fahren wir gemeinsam an einen der Seen rund um Berlin. Irene besitzt dort ein Wassergrundstück mit einer renovierungsbedürftigen Herberge, in der zu Zeiten der DDR ein exquisites »Spielzimmer« für Politiker untergebracht war. Ihre Sekretärin oder Putzfrau oder Mädchen für alles hat pinkfarbene Luftmatratzen eingepackt. Wir rauchen, trinken Wasser und gehen mit den Luftmatratzen schwimmen. Kourosh und ich müssen immer wieder lachen. Es ist wie eine skurrile Kinderlandverschickung. Im Krieg wurden die Kinder aus den Großstädten aufs Land gebracht. Wegen der Bomben. Wir sitzen hier nun am See – als suchten wir Schutz vor der Meise. Auf pinken Luftmatratzen. Umgeben von wahnsinnigen Jagdhunden. Über allem thront Irene. Ihre Peitsche schwingend wie Madame Medusa in *Bernhard und Bianca*. Die braucht sie auch, denn die Hunde sind so viele Eindringlinge nicht gewöhnt.

Am Abend geht Kourosh in die zweite Vorstellung. Die Luft hat sich etwas abgekühlt. Ich warte vor der Tür und schlendere durch den Monbijoupark. Ich nehme

Abschied von Berlin und von der Vorstellung, hier Intendant werden zu können. Ein Sommermärchen. Hoffentlich. Vielleicht.

Am Spätnachmittag habe ich mit Hans-Peter noch den Manager des Hotels Schweizerhof getroffen. Ein äußerst netter und verständnisvoller Schwabe, der beim nächsten Mal einfach vorher wissen möchte, dass er einen Theater- oder Filmmenschen zu Gast hat. Das sei ja etwas ganz anderes. Sehr professionell. Versteht sich. Den Bademantel darf ich sogar behalten. Passt sonst eh keinem.

Nach der Vorstellung rede ich kaum etwas. Die anderen scheint das zu beruhigen. Ich bin in Gewahrsam. Eingefangen. Aber das liegt vor allem an meiner Unsicherheit im Umgang mit Wiebke. Ich bin ganz schüchtern für einen Moment und weiß einfach nicht, wie ich mich adäquat von ihr verabschieden soll.

Irgendetwas hält mich noch in der Stadt, denke ich, und schon verpassen wir den Zug, weil wir zum falschen Bahnhof gefahren sind. Mir ist das ganz recht. Das Wiedersehen mit Ada flößt mir Angst ein.

Also verlängern wir noch eine Nacht.

Noch einmal.

Adieu, Berlin.

In Hamburg sagt man Tschüss.

Papa

Lieber Matz,

es geht immer noch weiter.

Später Nachmittag. Wir sitzen im Zug in der zweiten Klasse an einem kleinen Tischchen, und Kourosh bestellt Bier. Ich mag nichts trinken. Darf nichts trinken. Muss nüchtern bleiben. Ich muss Deiner Mutter in die Augen sehen. Ich habe Ada unendlich verletzt, das wird mir immer klarer. Das erste Mal seit Wochen denke ich ernsthaft und mitfühlend darüber nach, wie es Ada geht. Gehen muss nach den letzten Wochen mit anstrengender Arbeit und immer neuen Hiobsbotschaften.

In Hamburg angekommen, spaziere ich vom Hauptbahnhof Richtung Jungfernstieg. Wir haben uns vor einem Touristenlokal verabredet.

Sie ist dünn geworden.

Ich kann durch ihren Blick mich selbst betrachten und schon nicht mehr unterscheiden, ob sie mir wirklich leidtut oder ob ich nicht viel stärker von meinem eigenen Leid fasziniert bin. Dieser Gedanke ekelt mich an, und aus Scham versuche ich mir mein schlechtes Gewissen von der Seele zu reden und beteuere Ada immer wieder meine Liebe. Heiraten, durchfährt es mich nicht zum ersten Mal. Wir müssen heiraten. Das ist es. Das wird mich schützen. Der Ring wird mich beschützen. Alles wird gut. Es fehlt die richtige Form. Alles ist eine Sache der Form. Klar.

Mami erzählt mir von einem Freund, der auch eine Meise hatte, und davon, wie er sie einfangen konnte.

»Du musst dir helfen lassen. Das ist kein Spaß. Das bist nicht mehr du.«

Ja, ja. Ich werde mich kümmern. Ist doch klar. Ich muss erst mal runterkommen. Erholen. Nach St. Peter-Ording. Mit Matz. Ich will meinen Sohn sehen. Ich will ihm mein St. Peter zeigen. Meinen Rückzugsort.

Bevor es losgehen kann, muss ich mich jedoch dringend technisch aufrüsten. Der Bildschirm meines Laptops ist kaputt. Warum, weiß ich nicht mehr. Muss im Theaterdiscounter passiert sein. Ada braucht auch einen neuen Computer. Deshalb muss ich unbedingt noch die nette Frau von der Bank becircen. Die Bank soll mir Geld leihen, bis ich in Essen einen Vorschuss auf meine Gage bekomme. Ich brauche einfach mehr Geld. Mehr Mittel. Wo ich so ein Profikäufer geworden bin. Ich konnte immer schon gut Geld ausgeben, aber jetzt ziehen mich die schönen Dinge einfach magisch an. Ich sei ein Scheinwerfer, sagt Bernhard Bim Bam und hat damit völlig recht. Ich ersticke in Karten. Zwei EC-Karten, Mastercard, Visacard, Krankencard, ADAC-Card, Kaufhof-Card, Shell-Card, Videotheken-Card für Hamburg und Berlin, Fielmann-Card und Hunderte meiner feinen Visitenkarten aus Leinen. Jeder beknackte Kiosk will mir eine neue Karte aufzwängen. Dabei bräuchte ich nur eine einzige. Die schwarze American-Express-Karte. The Centurion Card. Die ersetzt alle anderen. Passt in die Badehose und fertig. Aber die wird leider nur verliehen, wie eine Medaille oder ein Pokal. Dafür muss man wesentlich mehr kaufen, das ist eine ganz andere Liga. So weit bin ich noch lange nicht. Das begreife ich sogar mit der Meise im Kopf.

Ich vereinbare einen Termin in der Bank, und da Deine Omi eine so gute Kundin ist, empfängt man mich angemessen – im Kundencenter für die wichtigen Leute. Es befindet sich im ersten Stock und hat viele kleine gemütliche Büros. Es werden Kaffee und gutes Gebäck gereicht. Nicht so wie unten in der lauten Halle, wo höchstens die Kinder mal einen viel zu süßen Bonbon geschenkt kriegen. Ich erzähle Frau Steiger von Dir und Mami und vor allem von meiner steilen Karriere als Theaterregisseur. Sie staunt und freut sich, auch weil sie glaubt, mit mir ein gutes Geschäft machen zu können. Wir handeln ein Abrufdarlehen aus. Das heißt, ich kann bis zu einem gewissen Betrag Geld auf mein Girokonto laden und muss dafür deutlich weniger Zinsen bezahlen. Bisher war das Konto permanent überzogen, und der Geldstrom konnte jederzeit versiegen, weil die Grenze erreicht war. Das geht nicht. Das sieht Frau Steiger glücklicherweise auch so. Jetzt kann ich mir also bis zu einer gewissen Höhe selbst einen Kredit geben.

Toll. So. Das wäre es dann. Es kann weitergehen.

Profis können alles. Profis kriegen alles. Ich bin ein Profi.
Denke ich.
So ist es.

Papa

Matz,

kannst Du Dich noch an unsere Fahrt nach St. Peter-Ording erinnern? Das Wetter war wunderbar, nahezu perfekt. Sonnig, mit einer kleinen frischen Brise. »Ankommen und froh sein« steht auf dem Schild am Ortseingang. Du vorne als Beifahrer. Wir tragen die gleiche petrolfarbene Schirmmütze. Jede Menge Gepäck haben wir an Bord. Der ganze Kofferraum ist voll. Kleidung, Bücher und DVDs.

Omi war auch da. Um sich um Dich zu kümmern, damit ich mich erholen konnte. Sie war ganz in ihrem Element. Sie ist ein Profi im Sich-Sorgen-Machen. Ich wurde immer wütender. Ungehalten. Ich konnte mich einfach nicht mehr bremsen. Gnadenlos musste sie sich meine neuen Wahrheiten anhören. So neu waren die gar nicht. Aber die Dringlichkeit war neu, mit der ich sie vertreten musste. Vielleicht wolltest Du Dich deshalb auch nicht von ihr betreuen lassen? Damit hatte Omi ein Problem und verfiel in Dauersorge. Nicht auszuhalten. Nur in der Nacht hatte ich Ruhe und verschanzte mich mit ein paar Flaschen Wein vor meinem neuen Computer. Manchmal rief ich Wiebke an oder sie mich. Meist weinte ich dann. Kurz bevor ich ins Bett wollte, wurdest Du wieder wach.

Um vor Omi zu fliehen, sind wir nach Büsum zu den Seehunden gefahren. Auf dem Weg dorthin habe ich Dir bei einem Bauern ein Kilo Kirschen gekauft, die Du während der Fahrt gegessen hast. Wir haben laut U2 gehört, das Schiebedach war weit geöffnet, ich habe geraucht, und Du hast Deinen Kopf immer aus dem offenen Fenster gehalten und gelacht. Das war vielleicht der schönste Moment der vergangenen Wochen. Ich hätte immer so weiterfahren können. In Bewegung zu sein schien mir der natürlichste Zustand. In der Bewegung warst auch Du am zufriedensten.

Wir sind am selben Abend noch nach Hamburg zurückgefahren. Mit hundertachtzig über die Autobahn! Mehr ging nicht.

Aber von Entspannung konnte gar keine Rede sein. Es wurde noch schlimmer. Ich hatte geglaubt, dass die Sorge um Dich mich beruhigen könnte. Nach einer kurzen Nacht und einem katastrophalen Tag, an dem ich Dich fast auf dem Spielplatz vergessen hätte, hatte ich ein Einsehen und brachte Dich zu Deiner anderen Omi nach Travemünde. Ich war allein für Dich verantwortlich, weil Ada immer noch mit den Zwergen unterwegs war. Seitdem bist Du dort, an Deinem Rückzugsort. Wir telefonieren nur selten, und wenn, hast Du es immer furchtbar eilig und eigentlich gar keine Zeit. Das beruhigt mich ein wenig.

Nun hält mich gar nichts mehr zurück. Ich brauche unbedingt ein neues Handy. Das alte liegt in der Alster. Ich habe es in einem Akt großer Verzweiflung einfach hineingeworfen. Ohne geht es aber nicht. Am besten beantrage ich auch eine neue Nummer. Dann können die Idioten aus dem Theater mich auch nicht mehr erreichen. Ich gehe sofort zu Vodafone. Die haben ein rotes Logo – der Mobilfunkanbieter für Profis. Das neue Telefon muss schwarz sein, das versteht sich von selbst. Sony ist gut. Ja. Schwarzes Handy, roter Mercedes und schwarzroter U2-iPod. Ja. So fahre ich durch die Gegend. Ich kaufe mir noch eine Leica und versuche, durch die Kameralinse einen größeren Abstand zur Realität einzunehmen. In St. Georg fotografiere ich nachts die leichten Mädchen, auch wenn diese weder Mädchen sind noch irgendetwas an ihnen leicht ist. Wie auch. Auf St. Pauli knipse ich Anna. Die schöne Anna. Anna war meine Ausstatterin für *Dreier*, *Späte Wut* und *La Strada*. Seltsam. Auch ihr gegenüber hatte ich ein schlechtes Gewissen. Weil mir für die großen Produktionen am Schauspielhaus ein anderer Bühnenbildner zwingend vorgeschlagen wurde und ich nicht für sie gekämpft hatte. Jedenfalls musste ich Anna unbedingt besuchen. Von ihr habe ich das schönste Bild gemacht, es aber später aus Versehen gelöscht.

Nach der Foto-Nachtschicht in St. Georg kann ich gar nicht schlafen. Ich entsinne mich, mehr Sport machen zu wollen, und steige in mein neues Tenniskostüm. Ganz in Weiß. Schwarz, Weiß und Rot. Profifarben. Mit dem nagelneuen Schläger mache ich mich auf den Weg nach

Niendorf. Vorstadt. Der deutsche Versuch, amerikanische Vororte zu kopieren. Sehr spießig.

Früher war ich dort im Tennisclub. NTSV. Niendorfer Turn- und Sportverein. Erst Judo, dann Volleyball und schließlich Tennis. Genau dorthin fahre ich, weil es dort eine Ballwand gibt. An der kann man allein auf die Bälle einprügeln. Es ist sieben Uhr früh, und zu meiner Überraschung sind schon zwei rüstige Senioren auf dem Platz. Sie spielen ganz passabel. Einer von ihnen spricht mich an. Er möchte später, nach seiner Partie, ein Match mit mir wagen. Ja, gern. Ich kloppe mit aller Kraft auf die Wand ein und hetze von einer Seite zur anderen.

Direkt nebenan ist mein altes Gymnasium. Ich höre den Schulgong und habe eine prima Idee. Meine Abiturklausuren. Die wollte ich immer schon einmal lesen. Vor allem die in Deutsch. Da ist mächtig was schiefgelaufen, denke ich. Es ging um den *Hofmeister* von Jakob Michael Reinhold Lenz. Der war auch verrückt. Die Klausuren fanden damals mitten in der ersten manischen Phase statt. Das ist mir heute ganz klar.

Kaum habe ich forsch das alte Schulgelände betreten, dauert es nicht lange, und ich sehe ein paar alte Lehrer. Mich amüsiert das zutiefst. Ich freue mich richtig. Im Sekretariat ist Schluss mit lustig. Wie früher. Was ich wolle? Die Sekretärin schaut genauso ängstlich und eingebildet wie mein Biolehrer. Der ist völlig geschockt, als er mich beim Betreten des Vorzimmers erblickt. Er ist jetzt Rektor. Umso besser, kann ich mein Anliegen ja gleich ihm vortragen. Er ist wenig begeistert und verweist auf die Schulordnung. »Das ist völlig unüblich. Wenn das alle ...« Den Satz habe ich schon immer geliebt! Was ist denn, wenn alle das so machen würden? Da er aber auch weiß, dass ich eine penetrante Nervensäge sein kann, nicht erst jetzt mit der freien Meise, verspricht er sich zu kümmern, wenn ich schnell wieder verschwinde. Draußen steht ein schwarzer Junge, etwa fünfte Klasse, noch ganz neu, und weint verzweifelt. »Meine Schuhe, ich kann meine Turnschuhe nicht finden. Zu Hause waren sie noch da!«

Gibt's doch gar nicht. Ich biete meine Hilfe an, wir melden uns ganz offiziell ab und dann steige ich mit ihm in meinen Benz. Seine Verzweiflung rührt mich und erinnert mich an früher. Wir fahren im Schneckentempo durch das Viertel, und ich habe eine Menge Zeit, ihn auszufragen. Seit wann bist du an der Schule? Bei wem am liebsten? Bei wem nicht so gerne? Logisch, dass er am besten mit Herrn Wieland klarkommt. Mein geliebter alter Theaterlehrer, der mit einer schwarzen Tänzerin verheiratet ist. Wir finden den Turnbeutel mit den Schuhen kurz vor dem Wohnhaus des Jungen in Schnelsen. Zurück in der Schule, wandern wir quer durch das Gebäude, um seine Klasse zu suchen. So sehe ich, was sich alles verändert hat, und treffe noch ein paar Lehrer.

In einem Zimmer steht Herr Sattmann am Pult. Bio. Genau wie früher, als wäre ich nur kurz pinkeln gewesen.

»Was machst du inzwischen, Basti?«
»Och, Theater und so.«

»Na, das passt ja.«

Ein bisschen wie ein sehr exklusives Klassentreffen. Ohne die ganzen Spacken. Ich suhle mich in der Erinnerung und finde mich gleichzeitig wahnsinnig reif. Ich habe es geschafft. Ich habe mich als Profi etabliert. Es war nicht leicht. Aber, seht her. Hier bin ich. Ich lebe. Ich pulsiere. Mit meiner Kraft, mit meinem Charme und mit meiner Intelligenz habe ich es geschafft. Und ihr? Wohnt immer noch hier. Süß.

Als wir wieder auf den Schulhof treten, kommt die Klasse des Jungen vom Sportplatz herüber. Ohne ein Wort läuft er in den Kreis seiner Mitschüler zurück. Lässig steige ich in den Wagen und verlasse diesen gestrigen Ort.

Diese schöne Episode kann mich nicht lange trösten, der Graben wird langsam unerträglich groß. Meine Schnelligkeit ist ein Problem. Keiner kommt mehr mit. Alle wirken überfordert und am Ende ihrer Kräfte. Vor allem Ada. Sie drängt auf einen Besuch in der Klinik. Originellerweise laufen mir jetzt pausenlos andere Profiverrückte über den Weg. Vor allem beim Einkaufen. Später werde ich einen Haufen an Visitenkarten gesammelt haben. Ich muss zwanghaft weitermachen. Es bringt ja auch Spaß. Aber ich weiß, dass ich aufhören muss. Dass es bald vorbei ist. Vorbei sein muss.

Allein, es hilft nichts. Ich brauche einen Arzt. Einen Profi. Profimedizin. Lithium könnte helfen, steht zumindest im Internet. Darüber hat Kurt Cobain, der Sänger von Nirvana, sogar ein Lied gemacht. Das klingt angemessen, schließlich war das mal meine Lieblingsband. Bloß keinen Therapeuten. Ich möchte um Himmels willen keine Gesprächstherapie. Womöglich in einer Gruppe. Ich bin völlig ausgequatscht. Über mich und meine Vergangenheit habe ich weiß Gott genug geredet. Brauch ich nicht. Einfach mal, entschuldige bitte, die Fresse halten können. Das wäre schön.

Ich nehme Mami mit in die alte Schule. Ich habe ihr versprochen, danach ins UKE zu gehen. Meine Klausur liest sich nicht so schlimm wie befürchtet, und darüber bin ich ganz beruhigt. Der Rektor ist auch beruhigt, dass ich in Begleitung gekommen bin. Dann fahren wir endlich ins UKE. Psychiatrische Abteilung. Ich habe Angst davor, mich abzugeben. Möchte selbstbestimmt bleiben. Es ist Donnerstag, und es dauert eine ganze Weile, bis ein Arzt Zeit hat. Ich erkläre ihm, was passiert ist, er hört sich alles an und meint am Ende, dass er mich momentan nur in der geschlossenen Abteilung unterbringen könne. Vor Montag sei in der offenen nichts zu machen.

Scheiße!!! So lange will ich nicht warten müssen. Ada ist selbst kurz vor einem Nervenzusammenbruch. Den hätte sie sich schon lange verdient. Sie ist so tapfer. Und ich bin eine nervige Psychozicke. So geht es nicht. Es muss sich heute etwas ändern, sonst fliegt alles auseinander.

Da bin ich dann auf Warnstorf gekommen.

So. Jetzt weißt Du, was bisher geschehen ist.

Ich wünschte, ich hätte eine Kopie von den Briefen gemacht, die ich Dir geschrieben habe. Dann müsste ich die Geschichte nie wieder erzählen. Könnte jedem Arzt die Blätter auf den Tisch legen.

Ich suche nach meiner Form. Ich suche aber auch nach Verständnis. Ich wünsche mir, verstanden zu werden, ohne mich so aufwendig zu erklären. Aber ich fürchte, das ist ein dummer Wunsch.

Alles Liebe,

Dein Papa

Lieber Matz,

heute war ein guter Tag. Erst haben wir kurz telefoniert, das hat mich glücklich gemacht: Deine Stimme zu hören und zu spüren, dass es Dir gutgeht bei Omi. Ein bisschen traurig war ich auch, aber das ist ja normal. Vor allem aber freue ich mich für Dich. Dass Du eine so tolle Oma hast, die mit Dir nach Travemünde an den Strand fährt und Dir jeden Wunsch von den Augen abliest. Genau so war Mima für mich, als ich so alt war wie Du. Ihr Haus in St. Peter-Ording war mein Rückzugsort. Mit Mimas Tod im vergangenen Winter ist für mich viel verlorengegangen. Die Ärzte hier vermuten, dass ihr Tod auch ein möglicher Grund von vielen für die Meise sein könnte. Ich habe jedenfalls das Gefühl, als dürfte ich seit Mimas Tod kein Kind mehr sein. Bin ich auch nicht mehr. Ich bin ja Dein Vater. Aber gleichzeitig bleibe ich für meine Mutter und erst recht für meine Großmutter immer ein Kind. So wie Du auch immer mein Kind bleiben wirst. Das hat mich früher oft genervt. Man möchte doch ernst genommen werden. Aber irgendwann habe ich es auch genossen, Kind zu bleiben. Jetzt geht das nicht mehr. Ich vermisse sie. Meine Mima. Mein Kinderzimmer dort. Das Bett unter der Dachschräge. Die Tapete mit den Birken und den verfärbten Blättern darauf. Die Gänselampe auf dem ausziehbaren Schreibtisch. Die kleine Schrankwand mit den vergilbten Taschenbüchern. Konsalik. Simmel. Kishon und das alte Märchenbuch aus der DDR. Auf dem Schrank ein afrikanisches Beil aus Elfenbein. In der untersten Schublade von mir gesammeltes Strandgut, ausgebreitet auf einer alten Stoffwindel: ein Rochenei, Stab- und Jakobsmuschelschalen und ein verwitterter Holzklotz mit einem Nagel, der aussieht wie ein Transistorradio. Der Flokatibettvorleger, der mal weiß war, inzwischen aber schon etwas vergilbt vom Urin des Hundes. Der Hunde. Erst Bandit, dann Murphy und schließlich der völlig verrückte Graf Joster. Ein wunderschöner Rauhaardackel, der sich einbildete, in fahrende Autoreifen beißen zu können. Sein Verhängnis. Wie von der Tarantel gestochen, ist er den Autos hinterhergerast. Onkel Christian hat ihn vor der Haustür überfahren. Aus Versehen, sagt er. Tragisch. Das war Mimas letzter Hund. Mein letzter Hund. Der Geruch in der Küche, der von der Speisekammer ausging. Puddingpulver, Zwieback, Baisers, Zwiebeln, Rinderbrühe oder ein paar Reste vom Vortag. Das Wohnzimmer mit der Süßigkeitenschublade in der Mitte des Sideboards. Darauf der Zigarrenständer aus Holz. Das alte Radio mit den Kippschaltern. Das Ölbild über dem Lesesessel. Die bronzene Sanduhr. Die grauen Breitcord-Sofas im Wohnzimmer und der Blick nach draußen durch die riesigen Fenster. Die Garage voller Räder. Jahrelang vermutete ich in ihr ein Känguru. Schuld daran waren Hans-Peters geheimnisvolle Geschichten. Das Nachbarhaus von Onkel Christian und Tante Levke, zu denen ich vor dem Abendessen oft gegangen bin. In ihrer Küche fanden sich stets dieselben Gäste ein, und es wurde dort viel gelacht. Zurück ins andere Haus. Roastbeef mit Bratkartoffeln und hinterher ein riesiges Stück Königsrolle! Ich weiß gar nicht, ob es Königsrollen noch gibt. Das ist eine Eiscremerolle aus Vanille-, Erbeer- und Schokoladeneis mit Sahnehäubchen und Schokostreuseln! Noch einmal Sahneprinz sein. Den Abend mit Mima vor dem Fernseher ausklingen lassen. Das große Badezimmer mit der Rotlichtanlage an der Decke. Ein großer Kasten, der verschiedene Lichtquellen beherbergt. Mit einem grauen Kunststoffstab konnte man die Farbe des Lichts und die Intensität verstellen. Kaltes Neonlicht, warmes Glühbirnenlicht oder eben Rotlicht bei Erkältungen. Gesteuert über eine Zeitschaltuhr an der Wand, die wie alle Uhren im Haus laut tickte und mit einem ohrenbetäubenden Klack das Licht erlöschen ließ. Am Morgen weckt mich Mima, indem sie einfach nur die Tür zu meinem Zimmer öffnet und dann wieder die Treppe hinuntersteigt. Ich rieche Tee und geröstetes Kastenweißbrot. Toast steht in einem Messingständer auf dem Tisch. Ein gekochtes Ei mit einem Huhn aus buntem Filz auf dem Kopf. Eine weiße Stoffserviette mit silbernem Ring.

Während ich mit großem Appetit esse, erzählt mir

meine Großmutter Geschichten von sich und unserer Familie. Von ihrer Kindheit in Rostock. Von ihren Geschwistern. Wie sie als erste Frau mit achtzehn Jahren den Führerschein gemacht hat. Von ihrer Buchhändlerausbildung in Leipzig. Den Jahren im Krieg. Wie sie meinen Großvater auf der Krim in Russland kennengelernt hat. Von den ersten Jahren nach dem Krieg auf der Halbinsel Eiderstedt, auf der St. Peter-Ording liegt. Unendlich viele Namen und Daten, die ich mit der Zeit gut einordnen kann, weil Mima die Personen der Vergangenheit mit denen der Gegenwart vergleicht. Mit ihren Kindern, Enkelkindern und Verwandten. Das ist sehr anschaulich und auch sehr lustig. Besonders schön wird es, wenn sie etwas oder jemanden ablehnt. Das waren aber meistens Leute außerhalb der Familie. Klar. Vehement. Energisch. Und sehr sprachgewandt. Immer auf den Punkt. Dazu die bedingungslose Liebe zu ihrer Familie, die durch nichts und niemanden zu erschüttern war. Ich konnte ihr stundenlang zuhören – und durfte Wochen bei ihr verbringen.

All das gibt es so nicht mehr. So kennst Du es nicht. Deine Erinnerungen sind andere.

Frauke, Hans-Peter und Christian haben das Haus umbauen lassen und vermieten es an Feriengäste. Das müsse so sein. Anders sei das Haus nicht zu halten, meinen sie. Ich kann es verstehen, aber es macht mich traurig. Ich fühle mich aus meinem Paradies vertrieben. Aus dem Nest geschubst. Bei der gemeinsamen Haushaltsauflösung, Wochen nach Mimas Tod, möchte ich all die vertrauten Gegenstände festhalten. Festkleben. Ich möchte das Haus für immer so lassen, wie es ist. Wie es für mich war. Nur so scheint es mir Sicherheit zu geben. Immerhin kann ich einiges in unsere Wohnung retten. Das Ölbild, das jetzt über dem Esstisch bei uns hängt. Meinen Lesesessel. Die Sanduhr. Die Serviettenringe. Den kleinen roten Hocker aus ihrer Küche, auf den Du immer geklettert bist, um an die Gläser zu kommen. Aber der Geruch ist für immer verflogen.

Es ist nicht so, dass mich diese Gegenstände traurig machen, weil sie mich daran erinnern, dass Mima nicht mehr lebt. Sie spenden mir vielmehr Trost. Sie geben mir eine verdünnte Dosis Geborgenheit zurück, die mit ihrem Tod verschwunden ist.

Zum Glück ist das alles für Dich noch sehr weit weg, und ich hoffe, dass es auch noch lange so bleibt. Die Menschen werden ja immer älter. Auch ich. Hoffentlich.

Papa

Lieber Matz,

Wolfgang hat mir erzählt, dass er ganz in der Nähe der Klinik ein Boot liegen hat. »Ja, und was sitzen wir dann noch hier rum?«, habe ich ihn gefragt. Es ist noch gerade so Sommer. Der See ruft! Wolfgang hat ein wenig rumgedruckst, von wegen, das ist noch winterfest im Bootsschuppen verpackt, man müsse es erst rausholen. Er habe dazu noch keine Zeit gehabt, außerdem sei es auch gar nicht seins, sondern gehöre seinem Schwiegervater. »Na und?« Irgendwann hat er sich dann einen Ruck gegeben, und ich habe schnell auf die Tafel geschrieben: »Sebastian und Wolfgang gehen Kanu fahren und sehen sich die Stadt vom Wasser aus an. Sie versprechen sich davon keine Erleuchtung, aber einen Perspektivenwechsel. Wenn sie dabei bräunen sollten, wird ihnen das nicht schaden. Sie sind rechtzeitig zum Abendessen zu Hause.« Zu Hause! Jetzt sag ich schon zu Hause! Aber ehrlich gesagt ist das ja im Moment mein Zuhause, auch wenn ich mich immer noch dagegen wehre. Egal.

Wir sind dann los. Es hat gekitzelt im Bauch. Die Sonne hat geschienen, und das Bootshaus hat gerochen wie das Gartenhaus meiner Großeltern in Boostedt. Nach warmem Holz und Plastik, Staub und Lack. Ich erinnere mich an den Kirschbaum, auf den ich nicht klettern durfte, an eine Regentonne, in die ich nur reingucken sollte, und an ein überhitztes, nach Holzschutzmittel und Dachpappe riechendes sehr kleines Gartenhaus, in dem ich mittags schlafen sollte. Allerdings konnte ich mittags im Alter von vier oder fünf nicht mehr schlafen. Oma machte das rasend. Mein vier Jahre älterer Cousin verstand meine Unruhe auch nicht. Er las *Bussi Bär*-Hefte oder malte. Ich konnte noch nicht lesen, und meine Malkünste beschränkten sich auf grobes Skizzieren. Das jedoch im Akkord. Düsenflieger, Raumschiffe oder Piratenschiffe. Draußen auf dem schmalen Weg zwischen den anderen Kleingartenabteilen stand eine Wasserpumpe. Ein magischer Anziehungspunkt. Mit geschlossenen Augen das eiskalte Wasser über das Gesicht laufen lassen, und ich war für Sekunden frei und ganz weit weg. Bis meine Großmutter mit einer Nachbarin im Schlepptau zeternd die Idylle zerstörte und mich endgültig in die Hütte hineintrieb. In der Schrebergartensiedlung musste man sich streng an die Mittagsruhe halten. Das mit der Ruhe ist mir ähnlich schwergefallen wie Dir. Seitdem ich das an Dir erleben darf, bin ich den Großeltern nicht mehr so böse. Ich vermisse aber die riesigen Himbeersträucher und das Pochspiel zur Mittagszeit. Das ist eine Vorform von Poker. Vielleicht gibt uns Omi ihr Pochbrett. Oder wir spielen es mit ihr zusammen.

Das Boot liegt ziemlich versteckt. Es ist offensichtlich lange nicht benutzt worden. Wir haben es aus der großen Plane ausgepackt – wie ein riesiges Geburtstagsgeschenk – und an den Steg getragen. Ein leichter Wind um die Nase, die warme Sonne im Gesicht. Jeden Muskel habe ich gespürt. Unverwundbar.

Wir hatten Wasser und ein paar Äpfel dabei. Jetzt wirst Du Dich fragen: Seit wann isst Papa denn freiwillig Obst? Seit heute! Es ist einfach köstlich. Ich kann gar nicht anders. So muss es für mich sein. Im Moment. Schlicht und natürlich.

Bis auf die Außenalster sind wir gefahren. Vom Wasser aus sieht die Stadt noch mal ganz anders aus. Ein bisschen fremd, obwohl man sie doch so gut kennt. Schon fühlt man sich wie im Urlaub. Es kam mir vor wie im Film. Ich habe mich auch ein bisschen so benommen. Weißt Du, was eine Pose ist? Das ist eine gestellte Körperhaltung, die Eindruck machen soll. Eindruck macht. Im Theater habe ich mir da so einiges abgucken können. Manchmal passiert mir so eine Pose. Heldenpose im gleitenden Kanu zum Beispiel.

Die ganze Zeit über haben wir nicht viel gesprochen. Mussten wir auch nicht. Manchmal haben wir uns angeguckt und schon gewusst, was der andere gerade denkt. Dabei kennen wir uns kaum. Aber wenn man dasselbe durchmacht, ist man irgendwie miteinander verbunden. Unsichtbar.

Zurück beim Bootshaus, haben wir das Kanu saubergemacht und extra ordentlich zusammengepackt. So als wollten wir unsere Spuren verwischen. Aber vielleicht war das ein Teil von Wolfgangs Meise. Dass er alles in einer ganz bestimmten Ordnung haben muss. Wie viele andere. Sonst werden sie ganz unruhig. Zwanghaft. Zwangsstörung sagen die Meisendoktoren dazu.

Mich hat mein Meisendoktor bei der Chefarztvisite seinen Kollegen übrigens mit folgenden Worten vorgestellt: »Das ist Herr Schlösser. Herr Schlösser sucht nach einer für ihn geeigneten Form.« Mit der Aussage hat er recht, aber die Art, wie er sich ausgedrückt hat, war komisch. Und überhaupt: dass jemand so etwas über einen sagt. Es klang für mich ein bisschen nach: »Das ist der Affe Sebastian, und er versucht schon seit Wochen, an die versteckten Erdnüsse zu kommen.« Nach Tierversuch eben. Oder Zoo. Menschenzoo. Dabei hat er nur das wiedergegeben, was ich den Ärzten immer wieder selbst gesagt habe. In gewisser Weise war ich sogar geradezu besessen von der adäquaten Form. Was die Farben angeht zum Beispiel. Für mich gab es Profifarben, davon habe ich Dir ja schon geschrieben. Ganz klar: rot, schwarz, weiß und silber. Du musst mal darauf achten. Fast alle großen Firmen und auch die politischen Parteien haben ihren Schriftzug in mindestens einer dieser Farben gestaltet. Coca-Cola, Marlboro, Microsoft, Kellogg's, Sparkasse, Virgin, SPD, CDU, TUI, AEG, DB, 3M zum Beispiel. Deshalb musste mein Auto auch rot, mein Anzug schwarz und mein Füller eben silbern sein. Ein bekannter Bühnenbildner, Axel Manthey, hat angeblich einmal zu seinem Schüler gesagt: »Wenn du nicht weißt, wie du es machen sollst, dann mach es rot!« Der

Mann hat völlig recht, finde ich. Rot stimmt fast immer. Nicht nur auf der Bühne.

Wie bin ich jetzt darauf gekommen? Ach ja. Über die Form. »Herr Schlösser sucht seine Form.« Bedeutet das, dass ich jetzt noch formlos bin? Oder aus der Form geraten? Egal. Entscheidend ist doch, ob einem die Form zugestanden und gewährt wird. Darf man zum Beispiel so direkt sein, wie ich es bis vor kurzem war? Darf ich meinen Impulsen, jeder Regung meines Geistes und meines Herzens nachgehen, oder ist das mit einer »normalen« Beziehung nicht vereinbar? Eher nicht. Man muss die Grenzen der anderen respektieren. Aber darum geht es gar nicht. Ich möchte vielmehr ein Geheimagent der Herzen sein und aus dem Nichts auftauchen, für einen intensiven Moment das Geschehen beherrschen, um genauso schnell und elegant wieder zu verschwinden. Ohne Spuren zu hinterlassen. Eine Art Amor. Der Liebesengel. Es gibt übrigens ein tolles Bild von dem Maler Rubens. Der, der immer die dicken Frauen gemalt hat. Amor reitet auf einem Delphin! Das ist doch der Wahnsinn. Ich, der Liebesbote, reite auf dem niemals schlafenden Delphin!

Zurück auf der Station, haben uns die anderen angeguckt wie Außerirdische. Sie waren ganz schön neidisch, weil sie selbst so etwas Tolles eine Ewigkeit nicht gemacht hatten. Ich habe trotzdem allen erzählt, wie schön es war. War mir egal. Jeder ist seines Glückes Schmied. Oder Bäcker oder Tischler. Auf jeden Fall muss man selbst etwas für sein Glück tun. Man muss sich vor allem trauen, etwas zu tun. Das ist für viele schwierig. Ich kann das verstehen. Ich hätte mich fast auch nicht hierher getraut, weil ich Angst hatte, die lassen mich nicht mehr raus. Weil ich Angst hatte, ich werde so ein Ritter von der traurigen Gestalt wie Don Quijote. Haben wir das Buch schon gemeinsam gelesen? Ich glaube nicht. Das ist die Geschichte eines jungen Mannes aus Spanien, der glaubt, selbst ein Ritter zu sein, nachdem er alle Bücher über Ritter gelesen hat, die er finden konnte. Seinen alten Gaul nennt er von nun an Schlachtross, und dann versucht er sogar gegen Windmühlen zu kämpfen. Wenn jemand einen vermeintlich aussichtslosen Kampf führt, sagt man deshalb, er kämpft gegen Windmühlen. So habe ich mich auch gefühlt. Ich habe Dinge und Menschen bekämpft, die wichtiger erscheinen, als sie sind. Amateure zum Beispiel.

Für heute habe ich genug gekämpft. Gegen den Widerstand von Wolfgang, gegen den Widerstand des Wassers und schließlich gegen meine Zweifel, ob ich hier richtig bin. Dabei gibt es nur hier die Eins-a-Profi-Meisendoktoren. Und genau die brauche ich.

Gute Nacht!

Papa

Lieber Matz,

ich habe das erste Mal seit langer Zeit wieder so richtig tief und fest geschlafen. Diesmal sogar ohne Schlaftablette! Jetzt, wo die Meise langsamer wird, kann ich in meinem Körper spüren, was ich alles in den letzten Wochen angestellt habe. Da kommt einiges zusammen. Ich bin spaziert, flaniert, gelaufen, gerannt, habe mich gedreht, getanzt, bin gesprungen, habe gesungen, geschrien, gelacht und geweint. Und gearbeitet habe ich zwischendurch natürlich auch noch. Meistens bis spät in die Nacht. Zwischendurch sehr viel getrunken. Helles und dunkles Bier, Weißwein und Cocktails am Nachmittag, Rotwein am Abend, Whiskey spät in der Nacht. Alles, was reinpasst. Jetzt bin ich so nüchtern wie lange nicht mehr und spüre jede Faser meines Körpers, jeden Millimeter Muskelmasse. Jede Pore. Das ist herrlich!

Und das Beste ist: Mein Kopf schaltet sich langsam ab. Bis jetzt ging da oben alles wild durcheinander, so als würde jemand stundenlang durch sämtliche Kanäle in meinem Hirn zappen. Wie beim Fernsehen, ständiger Programmwechsel, hopp, hopp, nur dass ich die Fernbedienung nicht selbst kontrollieren konnte. Schneller und schneller sausten die Bilder an mir vorbei, bis nur noch ein einziges, wirres Mosaik aus Bilderschnipseln übrig war. Aber nun bleibt das Bilderkarussell auf einmal stehen, und es ist Stille. Es läuft ein ganz ruhiger Tierfilm. Öde? Nee. Das ist herrlich! Erholsam. Nur eine einzige Kameraeinstellung. Das Leben in Echtzeit. Statt einer ferngesteuerten Rakete bin ich wieder ein Mensch auf zwei Beinen.

Ich setze mich gleich in den Park auf meine Bank und mache gar nichts! Nicht lesen. Nicht schreiben. Nicht zeichnen. Nicht denken. Nichts. Das ist wirklich neu. Ich kann es noch nicht richtig glauben. Aber es scheint echt zu sein, dieses Gefühl.

Ab in den Park. Menschen anschauen. Die Natur beobachten. Da sein. Einfach nur sein. Schön.

Papa

Hallo Matz,

gestern Nachmittag hat mich Sophie besucht. Vorgestern hatte sie sich angekündigt. Nach dem Mittagessen habe ich es nicht mehr ausgehalten vor Vorfreude. Ist ja auch ihr erster Besuch hier, und wir haben uns seit jenem Abend, an dem wir uns nach Jahren wiedergesehen haben, nicht mehr gesprochen. Ich habe mit Maria einige Zigaretten geraucht und ihr die Geschichte von mir und Sophie erzählt. Dass wir uns schon kennen, seit wir Kinder sind. Dass sie mir beim Murmelspielen einmal in den Bauch gehauen hat, weil ich geschummelt hatte und ihre Freundin reinlegen wollte. Wie ich mich in sie verliebt habe, als ich mit sechzehn genau wie sie über Ostern bei Deinem Patenonkel Peer war. Davon, wie lange es dann noch gedauert hat, bis wir ein Paar wurden. Von unseren Reisen. Und wie unzertrennlich und eins wir wurden über die Jahre. Und wie dieser Zustand wieder verschwand. Von unserer Trennung und dass wir nicht richtig voneinander Abschied genommen haben. Das Erzählen hat mich so nervös gemacht, dass ich noch mal kurz durch Eppendorf spaziert bin.

In einer der ruhigen Seitenstraßen sehe ich einen wartenden Mann vor einem Hauseingang stehen. Ein Makler. Natürlich. Ich gucke ihm direkt in die Augen, und er hält mich sofort für seine Verabredung.

»Hatten wir?«

»Ja. Hatten wir.« Handschlag.

Er zeigt mir eine sehr schöne helle Sechs-Zimmer-Wohnung mit allem, was dazugehört. Ich schlendere durch die Räume und bemängele dies und jenes.

»Ich werde es mir überlegen. Meine Frau muss das mitentscheiden.«

»Natürlich.«

»Natürlich.«

Ich drücke ihm eine meiner neuen Visitenkarten aus Leinen in die Hand und ziehe lässig von dannen. Auf der Treppe kommt mir ein Mann entgegen, der wie ich einen schwarzen Anzug und ein weißes Hemd trägt.

Ich besorge noch ein paar Blumen für Sophie und schlendere zurück zur Klinik. Dann ist es endlich so weit.

Unter einer riesigen Kastanie nehmen wir auf einer Bank Platz. Ich bin unsicher. So vieles hat sich angestaut zwischen uns, ich möchte Sophie so vieles sagen. Sie hat mir einen *Tim und Struppi*-Band mitgebracht. Den hast Du auch noch nicht. *Tim und Struppi in Amerika*. Und einen Zeichenblock.

Wir sind beide ganz vorsichtig. Schüchtern. Eine Weile sitzen wir einfach nur da. Keiner möchte den Moment mit Reden zerstören. Sophie ist klarer als früher und sagt mir, dass sie nicht lange bleiben möchte. Ich will nicht, dass sie geht. Nie mehr. Keiner von uns darf sich wieder aus dem Leben des anderen stehlen. Zum Abschied gibt sie mir einen Brief.

Ich bleibe allein auf der Bank sitzen und beginne zu lesen. Ich muss mich konzentrieren, obwohl das in den letzten Tagen schon wieder besser geht. Sie freue sich über unser Wiedersehen, schreibt sie, hoffe aber, dass ich mir Zeit nehme für mich. Zeit, um mich zu erholen. Sie sei sehr erschrocken gewesen über meinen Zustand. Ich fange an zu weinen, weil ich langsam begreife, was ich mit meinem Verhalten angerichtet habe. Leichtfertig, unkontrolliert, ohne Rücksicht auf die Gefühle anderer. Die Tränen laufen mir nur so die Wangen hinunter, es schüttelt mich richtig. Passanten gucken betreten an mir vorbei. Was bin ich für ein Idiot. Was habe ich mir denn vorgestellt? Wie habe ich es mir eigentlich vorgestellt? Das haben mich schon so viele Menschen gefragt. Und jetzt auch noch Sophie. Ich weiß es doch selbst nicht. Ich wollte sie bloß um Verzeihung bitten. Wollte, dass wir uns wieder nah sind. Dass wir uns wiederfinden. Aber eben noch mehr. Ich will immer noch mehr. Weil ich fest daran glaube, dass wir zusammengehören. Dass wir füreinander bestimmt sind. Dass wir für den anderen genau der eine Mensch sind, den es nur einmal gibt. Aber vielleicht ist sie das nur für mich? Weil sie der einzige Mensch ist, der mich vollkommen versteht. Weil sie mich schon früher gekannt hat, lange vor dem Theater. Ich möchte zu meinen Wurzeln zurückkehren. Nur: Was heißt das eigentlich? Und was, wenn Sophie gar nicht mit mir dorthin zurückwill? Ich möchte niemanden verletzen. Nicht mehr.

Ich fürchte, es wird nicht funktionieren.

Nein, ganz sicher nicht.

Papa

Ach Matz,

weißt Du eigentlich, warum mir Sophie das Heft von *Tim und Struppi in Amerika* mitgebracht hat? Ich habe ihr von meinem Notfallplan erzählt. Den habe ich entwickelt, weil die ersten Versuche, mir helfen zu lassen, nicht klappten. Ich wollte erst nach Kanada, wo mein Halbbruder lebt, den ich kaum kenne, und dann weiter nach Alaska. Auch wenn es dämlich ist: Ich sehne mich so sehr nach Größe und Freiheit. Wenn es schon mit der inneren Größe und Freiheit nicht klappt, soll wenigstens das äußere Drumherum angemessen sein.

Dieses Gefühl habe ich nicht erst, seit mir die aktuelle Meise zugeflogen ist. Das wird mir hier langsam klar. Für mich ist es deshalb auch nicht einfach herauszufinden, wo die Krankheit anfängt und meine Persönlichkeit aufhört. Auch den Ärzten fällt es schwer.

Jedenfalls ist mir die Meise nicht erst jetzt zugeflogen. Das ist sie schon ein halbes Jahr vor dem Abitur, und dann hat sie sich gleich den ganzen Sommer über bemerkbar gemacht. Oder noch nicht bemerkbar genug?

Ich bin neunzehn Jahre alt und stolzer Besitzer eines

Autos. Ein knallroter Golf 1 mit kaffeebraunen Stoffbezügen. Ich fühle mich unglaublich frei, bin nur noch unterwegs und höchstens zum Schlafen zu Hause. Mein Kumpel Simon hat schon eine eigene Bude. Er macht Musik und hat gerade eine neue Band gegründet. Obwohl ich kein Instrument spiele, bin ich immer dabei, wenn sie zusammen üben. Ich schreibe die Texte, aber eigentlich möchte ich lieber singen. Doch ich traue mich nicht richtig.

An meiner Schule gibt es keine streng voneinander abgetrennten Jugendgruppen. Es gibt keine Punks, keine Skins, keine Mods. Wir sind eine homogene Mischung aus Neo-Hippies und Poppern. Alle wachsen ganz selbstverständlich in Wohlstand auf und sind mehr oder weniger gut erzogen. Unterschieden wird höchstens nach dem Alter. Alle trinken. Gesittet während der Teestube in der Kirchengemeinde, hemmungslos im Partykeller, wenn die Eltern weg sind. Manche saufen, denn wer viel verträgt, wird dafür auch bewundert. Einige kiffen noch dazu. So wie ich. Das Rauchen von Marihuana, den getrockneten Blütenköpfen der Hanfpflanze, ist für uns bald das Maß aller Dinge und wird in meinem Freundeskreis so oft praktiziert, wie es der Geldbeutel gerade erlaubt. Anfangs kaufen alle nur kleine Mengen, die relativ lange halten, weil nur am Wochenende gekifft wird. Aufgrund der zunehmenden Häufigkeit grenzt sich der Bekanntenkreis automatisch ein. Aber auch wenn man gerade blank ist, möchte man auf das High-Sein nicht mehr verzichten. Irgendjemand hat immer noch einen kleinen Rest. Es ist schon schäbig, wenn man wie die Drogensüchtigen vom Hauptbahnhof nur für die Dröhnung mit Leuten abhängt, die man eigentlich nicht mag. Aber das ist uns gleichgültig, fast alle machen das so. Eine reine Zweckgemeinschaft. Hauptsache, die Augen sind rot, das Zwerchfell schmerzt vom vielen Lachen und der Magen schreit nach Süßigkeiten. »The munchies« sagen die Amerikaner zu solchen Heißhungerattacken nach einem Joint. So heißen die selbstgedrehten Zigaretten, in denen Tabak mit dem Marihuana gemischt wird. Trip-Hop ist die perfekte Musik dazu. Portishead, Tricky und Massive Attack laufen rund um die Uhr. Allesamt Bands aus England, die damals schwer angesagt waren. Habe ich Dir schon mal vorgespielt, Du hast es grauenhaft gefunden. Oft machen wir auch selbst Musik. Ich versuche mich an einigen Gitarren-Akkorden und finde das eigene Spiel immer gelungener, je bekiffter ich werde.

Seit der siebten Klasse bin ich immer wieder in Sarah verliebt. Gerade schon wieder. Sie macht mich verrückt. Seit einem Jahr hält sie mich erfolgreich hin. Offensichtlich möchte oder kann sie sich nicht zwischen mir, Peer und weiteren Bewunderern entscheiden. Ich leide zunehmend unter dieser Unentschiedenheit. Mal lässt sie mich etwas näher an sich heran, dann stößt sie mich wieder weg. Unerträglich. Ich hoffe aufrichtig, dass Dir so etwas später mal erspart bleibt.

In dieses Szenario tritt eines Abends Swantje. Sie ist das totale Gegenteil von Sarah, und wir sind für die nächsten Wochen unzertrennlich. Wir machen jetzt viel zu viert mit Simon und seiner Freundin Janna. Es ist Frühling. Die Nächte sind noch sehr kalt. Trotzdem fahren wir zum Grillen an den Baggersee. Wenn die anderen bedröhnt wegsacken und schlafen, bleibe ich wach und lese. Oder zeichne oder spiele leise auf der Gitarre. Der Gedankenstrom in meinem Kopf ist gewaltig.

Während sich in der Schule alles um das bevorstehende Abitur dreht, drehe ich mich fleißig um meinen eigenen Kosmos. In der großen Pause sitze ich barfuß in meinem Auto und zupfe bei geöffneter Tür auf der Klampfe herum. Die Ernsthaftigkeit der anderen mit ihrem ganzen schulischen Eifer erscheint mir unglaublich albern. Alles Kleingeister. Spießer. Die werden sich noch umgucken. Wenn mich jemand wegen meiner laxen und überheblich wirkenden Art anredet, reagiere ich zunehmend gereizt. Aggressiv. Angesprochen auf meine Sockenlosigkeit, überziehe ich die betreffende Mitschülerin mit Schimpfworten und verlasse pöbelnd den Unterrichtsraum. Ich übertreibe maßlos und hinterlasse fassungslose Schüler und einen sprachlosen Biologielehrer. Die Schule schrumpft zu einem anachronistischen Puppentheater. Nicht mehr zeitgemäß für mich. Die spielen alle Augsburger Puppenkiste. Und ich bin das Urmel. Oder nein, schlimmer. Die sind alle nur noch Karikaturen. Karikaturen gemeiner Menschen. Gewöhnlich. Ich hingegen stehe über den Dingen. Ich bin ein Schöngeist, süchtig nach dem Reinen und Wahren. Ich kaufe Klamotten, Bücher, Musik, Filme. Und ich habe Ideen. Ununterbrochen.

Simon und ich werden eine Vermittlungsagentur für Nebenjobber eröffnen. Das ist völlig klar. Anstatt selbst im Supermarkt Regale aufzufüllen, wollen wir lieber andere in solche Tätigkeiten vermitteln und dafür kassieren. Mobiltelefone haben wir uns schon besorgt. Nur die Freischaltung lässt auf sich warten. Warum dauert bloß alles immer so unglaublich lange? In der Schule hat noch niemand ein Handy. Alles Amateure. Die Schule taugt nicht mal mehr als sozialer Treffpunkt. Uninspirierend.

Ich bin ein Delphin.

Mein soziales Umfeld macht sich zunehmend Sorgen. Peer hat mich zum Abendessen einbestellt und sitzt mir fassungslos gegenüber. Er behauptet, er erkenne mich nicht wieder. Ich muss lachen. Natürlich nicht. Du bekommst ja auch gar nichts mehr mit. Bist du eifersüchtig? Neidisch?

Jetzt, wo es mir das erste Mal so richtig gutgeht, will sich scheinbar kaum jemand mit mir freuen. Ich kann seine Sorgen nicht vertreiben. Wie auch – ich kann sie noch nicht einmal verstehen. Großzügig verspreche ich ihm, er könne doch mitmachen. Was das heißen soll, weiß ich auch nicht.

Das Gespräch halte ich später auf meine Art in einem kleinen Comic fest, während Simon schon schläft. So langsam macht auch ihm meine Belagerung zu schaffen. Er kann trotz großem Ego und viel Löwenkraft nicht mehr mit mir mithalten. Seine Familie macht sich ebenfalls Sorgen. Das hat auch damit zu tun, dass er kaum noch an seinem Ausbildungsplatz erscheint. Als wir kurz darauf bei Peer in der Wohnung Zauberpilze essen, die einen so stark vergiften, dass man Dinge sieht, die gar nicht da sind, fordert er mitten im Pilzrausch eiskalt seinen Haustürschlüssel zurück. Ich erschrecke bis ins Mark und fühle mich wie von einer Autoritätsperson an den Haaren nach Hause gezogen. Die Flasche lässt mich jetzt also auch hängen. Haben ihn die Kleingeister doch auf ihre Seite gebracht. Und das, obwohl wir auf dem Höhepunkt unserer gemeinsamen Spinnerei mein rotes Auto bunt angesprüht haben. Narziss und Goldmund haben wir aufs Dach gemalt. Das sind zwei Figuren aus einem Roman von Hermann Hesse, der mir sehr gut gefallen hat damals. Dazu noch ein Hanfblatt aufs Heck und auf die Kotflügel unsere neuen Handynummern. Die sind jetzt schon nicht mehr gültig.

Dafür hält mich die Polizei jeden Abend zweimal an.

Mein Stiefvater hat einen Tobsuchtsanfall nie erlebten Ausmaßes bekommen und mir befohlen, das Auto zu säubern. Vom Rebell ist nichts geblieben als ein Häufchen Elend, dessen Angst immer größer wird. Vier Stunden und sechs Liter Nitroverdünner später sind noch deutliche Spuren sichtbar. Zweimal hätte ich mich fast übergeben.

Die Großspurigkeit der letzten Wochen kehrt sich nun um in Zweifel. Ich fühle mich schuldig. Die Felix-Krull-Haftigkeit meiner Existenz verwandelt sich in das Abziehbild eines billigen Betrügers. Nichts glänzt mehr.

Ich schaffe es gerade noch so, die Abiturklausuren zu schreiben, und bin mir sicher, dass sie nichts geworden sein können. Alles Betrug und Blendwerk. An der Planung sämtlicher Aktivitäten rund um den Schulabschluss kann ich mich nicht beteiligen. Ich habe dazu einfach keine Meinung. Ich habe aufrichtig Angst davor, als Betrüger entlarvt zu werden. Ich stehe nur noch dabei. Abwesend anwesend. Die ganze Zeit. In der mündlichen Prüfung in Biologie bekomme ich dann kaum noch ein Wort heraus. Belustigt von dieser einmaligen Erfahrung während meiner Schulzeit, werde ich vom Prüfungskomitee mit vier Punkten nach Hause geschickt. Das haben sie noch nie erlebt. Einen sprachlosen Sebastian. Wie schön für euch. Hätten sie mich wenigstens durchfallen lassen. Das wäre ein Zeichen gewesen. Wir lassen uns nichts vormachen. So macht die Gnadengeste alles noch schlimmer.

Ich kann nicht mehr richtig schlafen. Aus dem Delphin ist eine Scholle geworden, die versucht, sich tiefer und tiefer zu verkriechen. Aber ich kann mich nirgends verkriechen. Das geht nicht, nicht jetzt. Ein Ereignis jagt das nächste. Letzter Schultag, Abiturstreich, Zeugnisverleihung, Stufenfete, Abschlussball.

Mir ist auch nach Abschluss. Ich möchte mich abschließen. Die Veranstaltungen quälen mich. Die anderen sind mir vollkommen fremd. Ihre unverstellte Freude macht mich traurig. Sogar die unbeliebten Schüler feiern ganz ausgelassen, dass nun alles vorbei ist. In keiner Form der Zurückschau kann ich etwas Positives oder Tröstendes entdecken. Hinter mir eine Wüste und vor mir ein Abgrund. Dazwischen sehe ich mich verlassen auf weiter

Flur in die Gegend starren. Verzweifelt nach einem Halt Ausschau haltend.

Ich habe für niemanden mehr ein Gefühl. Schon gar nicht für mich selbst. Die Familie wartet auf die Ankunft meines Cousins Anthony aus Amerika, der mit mir in eine Wohnung ziehen soll. Das haben wir vor einem Jahr beim sechzigsten Geburtstag von Hans-Peter so besprochen. Niemand scheint ernsthaft zu glauben, dass daraus noch was wird. Ich bin mir auch nicht mehr sicher. Wie auch. Mit meinen Eltern suche ich Möbel aus, zu denen ich keine Meinung habe. Ich habe zu nichts mehr eine Meinung. Die Wohnung, die ich in Eppendorf direkt hinter dem Krankenhaus für Anthony und mich gefunden habe, ist ein feuchtes Loch im Erdgeschoss und löst bei meiner Mutter völliges Unverständnis aus. Erdverbunden. Das ist ihr spezieller Ausdruck für meine Haltung der vergangenen Monate. Auf dem Boden sitzen und rauchen. Dieses Haschischzeug. Dazu laute Musik und Räucherstäbchen.

Ich wollte so dringend von zu Hause ausziehen. Und nun? Nun tigere ich immer wieder durch die Räume und versuche darin das Spiegelbild meiner Freiheit zu erkennen. Die Wohnung scheint mich auszulachen. Die Wände grinsen mich an. Andere schütteln den Kopf. Der Handwerker zum Beispiel, ein Bekannter von Bernhard, der mir den Teppich verlegt und die Rollos anbringt. Nicht mal dazu ist der Junge in der Lage. Kann der überhaupt was? Häme. Überall.

Am ersten Abend allein in meiner neuen Wohnung

zerreißt es mich. Ich stehe vor dem Badezimmerspiegel und sehe einen traurigen Clown. Einen Geist, der mir fremd ist. Der mir Angst macht. So möchte ich nicht leben.

Eine halbe Stunde später stehe ich mit blutendem Handgelenk im Flur und stottere ein »Bitte kommt!« ins Telefon. Peer und Jan bringen mich ins Krankenhaus. Ich werde genäht, dann darf ich gehen. Weil ich gleich zwei sorgende Freunde dabeihabe? Oder haben sie gar nicht erst den Versuch unternommen, mich dazubehalten?

Peer bleibt die Nacht über mit mir in der Wohnung. Um das Handgelenk trage ich einen breiten Verband. Ein weißes Zeichen meines Versagens. Für jeden sichtbar. Die Familie denkt, es läge an den Drogen.

Ich bin damals nicht im Krankenhaus geblieben.

Ich habe damals nicht mit einem Psychiater gesprochen.

Ich schwimme weiter.

Bis zur nächsten Welle.

Die Meise nistet sich ein.

Macht es sich in meinem Kopf gemütlich.

Gerade sind ihr etwas die Flügel gestutzt worden.

Die Medikamente haben sie angebunden, und ich werde langsam wieder Herr meiner Sinne.

Ich umarme dich.

Papa

Lieber Matz,

heute hat mich Onkel Hans-Peter besucht. Ich weiß, dass Du ein wenig Angst vor ihm hast, weil er immer so laut ist und Sachen sagt, die ein Kind nicht verstehen kann. Aber laut ist er bloß, weil er früher in einer Druckerei gearbeitet hat. Wie Dein Opa übrigens auch. Opa Heinz war Schriftsetzer und hat dafür gesorgt, dass das aufs Papier gedruckt wird, was sich die Reporter ausgedacht haben. Hans-Peter war zuständig für die Farbe. Die Druckerschwärze. Und dafür, dass sie gut hält auf dem Papier. Er musste aufpassen, dass nichts verwischt und dass man alles gut lesen kann. Einmal hat er mich in eine Druckerei mitgenommen. Die riesigen Walzen, über die die Papierbögen laufen, machen einen unglaublichen Krach, wie hundert Müllautos auf einmal! Normalerweise müssen die Leute, die dort arbeiten, Ohrenschützer tragen. Aber Hans-Peter musste ja mit den Menschen an den Walzen reden, um ihnen zu erklären, was sie anders einstellen müssen. Deshalb ist er meistens ohne Ohrenschützer in der Druckerei unterwegs gewesen. Heute hört er so schlecht, dass er alles ganz laut stellen muss. Den Fernseher, das Radio, das Telefon. Alles.

Hans-Peter ist ein kluger Mann. Er versteht besonders gut, wie es sich anfühlt, wenn man anders ist, denn er war auch immer anders. Er sah schon bei der Geburt anders aus. Nicht wie ein Norddeutscher, sondern eher wie einer aus dem Balkan. Ganz schwarze Haare hat er gehabt. Sein Vater war davon gar nicht begeistert. Wegen seiner Schilddrüsenprobleme vertrug er das Reizklima an der Nordsee nicht und musste auf ein Internat an der Schlei gehen. Ich vermute, dass er sich von zu Hause vertrieben gefühlt hat. Später ist er dann freiwillig noch weiter weggegangen. Erst nach Berlin und schließlich nach Chicago, wo er drei Kinder bekommen hat. Sammy und Anthony kennst Du schon. Der Älteste, George, das habe ich Dir ja schon mehrfach erzählt, hat die gleiche Meise wie ich. Hans-Peter nun ist schließlich ohne seine Kinder wieder nach Deutschland gezogen. In die Nähe von Hamburg. Zu diesem Zeitpunkt war ich schon ein bisschen älter als Du jetzt.

Jedenfalls war mein Onkel fortan immer für mich da. Das war toll für mich. Wenn man größer und langsam erwachsen wird, dann kommt irgendwann der Moment, wo man glaubt, dass die eigenen Eltern einen überhaupt nicht mehr verstehen. Vielleicht hast Du ja jetzt auch schon ab und zu das Gefühl, dass wir Dir zu wenig zutrauen und Dich einschränken. Das ist normal. Aber als Eltern sind wir nun mal für Dich verantwortlich. Das steht auch immer auf Baustellen am Zaun: »Eltern haften für ihre Kinder.« Eltern müssen darauf achten, dass ihren Kindern nichts passiert. Und weil Eltern sich aber auch daran erinnern, was sie selbst früher alles angestellt haben, wird aus dem »Darauf-Achten« schnell ein Anketten. So empfinden es die Kinder zumindest. Bei mir war das ganz sicher so. Heute weiß ich natürlich, dass es als Eltern gar nicht so leicht ist, das richtige Maß zu finden. Das wird immer schwieriger, je älter die Kinder werden. Du wirst sehen. Hoffentlich kriegen wir das zusammen hin. Wenn nicht, dann wünsche ich mir sehr, dass Du auch noch andere erwachsene Ansprechpartner hast. Onkel Peer zum Beispiel. Ich bin mir sicher, dass er Dir immer ein kluger und verständnisvoller Zuhörer sein wird. So, wie es seine Mutter auch schon für mich war. Irgendwann hatte ich keine Lust mehr, mit Omi Frauke zu sprechen. Ging auch gar nicht mehr. Wir haben uns sofort gestritten und waren hinterher beide gekränkt. Ich habe sie dann gar nicht mehr um Rat gefragt. Aber zum Glück hatte ich Hans-Peter. Ich glaube, es gibt keinen in der Familie, der mich besser kennt als er. Wir können einfach sehr gut miteinander reden. Auch über die Meisen in unserer Familie. Sein Sohn George lässt sich seit Jahren nicht helfen. Ich glaube, Hans-Peter ist froh, dass ich mir helfen lassen will.

Wir saßen heute an einer völlig bescheuerten Ecke der Klinik – auf einer Bank am Eingang gegenüber der Pförtnerschranke. Dort haben wir geredet und geraucht. Stundenlang. Obwohl es hier sehr laut ist, wegen der raus- und reinfahrenden Autos. Ich habe viel weinen müssen, weil mir klargeworden ist, wie viel ich kaputtgemacht habe, in der letzten Zeit. Das ist so ... so ... so Scheiße! Entschuldigung. Ein Euro in die Schimpfwortkasse. Aber es stimmt doch. Eigentlich sollte ich jetzt mit Dir auf dem Fußballplatz sein. Oder beim Eisessen. Oder Dir was vorlesen. Oder mit Dir Lego bauen. Einfach so.

Ist aber nicht, geht aber nicht.

Ich muss erst wieder lernen, mich zu beherrschen. Jetzt verstehe ich, was die Leute meinen, wenn sie sagen, man hätte die Beherrschung verloren. Ich versuche gerade, sie wiederzuerlangen. Das ist schwer, weil ich in einem Moment ganz glücklich und im nächsten todtraurig bin. Das wechselt total schnell. Meine Krankheit eben.

Du wirst vielleicht denken, warum verschwindet sie nicht, wo er doch Medikamente bekommt? Es dauert leider eine ganze Weile, bis die Medikamente wirken und die richtige Dosis eingestellt ist. Bei einem Rennwagen dauert es schließlich auch sehr lange, bis er so läuft, wie man sich das wünscht. Wenn er läuft, dann muss man ihn trotzdem weiter gut beobachten, weil er so empfindlich ist. Ich bin sozusagen noch in der Erprobungsphase und werde von den Ärzten getestet. Auf meine Lebenstauglichkeit. Die wollen natürlich sichergehen, dass ich für mich und meine Umgebung keine Gefahr darstelle. Eine Gefahr darstellen möchte ich auch nicht. Nicht mehr. Ich glaube, ich habe mich schon viel zu sehr in Gefahr gebracht. Allein schon das wenige Schlafen war gefährlich. Die Ruhelosigkeit. Die Grenzerfahrungen.

Aber jetzt bin ich auf dem Weg.

Auf dem Weg zurück zu Dir.

Ich liebe Dich.

Papa

Mein lieber Matz,

ich werde wirklich immer ruhiger. Die Meise scheint stillzuhalten. Meistens. Das ist fast ein wenig unheimlich, weil sich alles irgendwie leer anfühlt. Als ob der Motor nicht bloß abgestellt wurde, sondern gleich ganz ausgebaut. Und da, wo der Motor noch bis vor kurzem auf Hochtouren lief, zieht jetzt der kalte Wind durch. Ich habe Angst, dass kein neuer Motor mehr eingebaut wird. Zumindest einen kleinen hätte ich gern wieder, bitte. Muss ja kein Rennmotor sein. Aber einer, mit dem man auch mal auf der Autobahn fahren kann und der stark genug ist, Mitfahrer zu transportieren. Wie soll ich sonst arbeiten?

Die Ärzte sagen mir, dass ich Geduld haben muss. Wenn man so aus dem Gleichgewicht geraten ist wie ich, dann dauere das eben eine Weile. Geduld. Ich komme mir total ausgebremst vor. Als hätte ich mich eine Weile wie wild ganz schnell im Kreis herumgedreht und sei dann plötzlich angehalten worden. Man torkelt im ersten Moment noch ein bisschen, dann steht man wieder stabil auf seinen Füßen. Nur im Inneren dreht es sich noch eine Zeit weiter. Das Drehen macht viel mehr Spaß als das Anhalten. Das Innehalten. Aber genau deswegen bin ich hier. Um das Innehalten zu lernen.

Im Kopf fällt mir das wahnsinnig schwer. Nach außen hin habe ich mich schon angepasst. Ich sitze mehr und mehr, habe immer weniger Lust, mich zu bewegen, und damit verhalte ich mich genauso wie die Leute, die mir am Anfang so albern und traurig vorkamen. Die Profi-Wolkenkuckucksheimer.

Ich bin nicht richtig traurig und nicht richtig fröhlich. Ich bin gar nichts. Ich fühle nichts. Ich weiß, ich sollte, aber es will nicht klappen. Ich habe Angst, dass es so bleibt. Dass ich nie mehr etwas richtig fühlen kann. In solchen Momenten verstehe ich auch die Patienten, die sich gegen die Medikamente wehren. Gestern zum Beispiel, da standen sie zu sechst vor dem Zimmer von Herrn Schmitz. Er ist schon etwas älter, ziemlich groß und noch ziemlich stark. Er hat ganz sicher eine Profi-Meise. Er hat sich geweigert, seine Medikamente zu nehmen, und sich in seinem Zimmer verbarrikadiert. Immer, wenn ein Pfleger versuchte reinzukommen, hat er sich mit seinem ganzen Gewicht gegen die Tür gestemmt. Es kamen immer mehr Schwestern und Ärzte dazu. Ja sogar einer aus der Verwaltung. Irgendwann haben sie es dann geschafft, die Tür zu öffnen, und Herr Schmitz hat einige Spritzen bekommen. Vielleicht hat er sich ja so doll gewehrt, weil er wusste, wie die Medikamente wirken und dass er dann nichts mehr fühlt? Ich will mich nicht mehr wehren. Ich will hier nur noch raus.

Der Professor hat gesagt, ich hätte Glück, dass man meine Krankheit so früh entdeckt hat. Je früher, desto besser seien die Heilungschancen. Das heißt, die Aussicht auf ein normales Leben. Das möchte ich. Ein ganz normales Leben. Ungefährlich, aber schön. Dafür werde ich alles tun. Die Medikamente nehmen. Auch wenn ich immer müder werde. Ich könnte den ganzen Tag schlafen. Ich mache sogar schon Mittagsschlaf. Wie meine Oma.

Es ist mir alles egal. Ich sitze im Park und sehe zu, wie die gefärbten Blätter stoßweise von den Ästen geweht werden. So wie meine Erinnerungen. Die wehen auch weg. Das ist komisch, zumal ich mir doch in den letzten Monaten – während der manischen Phase, der Zeit des Irreseins – immer so klar vorgekommen bin. Kristallklar. So musste auch das Wasser zum Trinken sein. Eiskalt und kristallklar! Hier bekomme ich lauwarmes Mineralwasser. Medium. Das schmeckt, wie zehn Tage offen stehengelassen. Aber selbst das kann mich nicht mehr aufregen. Ich höre auch keine Musik mehr. Ist mir alles zu viel. Eigentlich sitze ich nur herum und rauche. Das scheint mir das einzig Sinnvolle zu sein im Moment.

Hoffentlich hast Du es schöner bei Omi.

Doch. Bestimmt. Da bin ich mir sicher.

Papa

Platz für ein Bild der
totalen Ereignislosigkeit

Matz, mir fällt nichts ein. Es tut mir leid, aber es ist wahr. Vielleicht kannst Du mir einen Brief schreiben. Oder ein Bild malen.

Heute ist es besonders schwer. Ich habe lange mit dem Chef der psychiatrischen Abteilung gesprochen. Den Termin hatte ich mir schon letzte Woche geben lassen. Da lagen die Dinge noch ganz anders. Ich hatte mich beschweren wollen. Über das Essen und die unfreundlichen Pfleger. Über die mangelnden Therapieangebote. Jetzt schaffe ich es gerade noch, ihn zu fragen, ob ich in diesem Zustand inszenieren könnte.

Er hat gar nicht viel gesagt. Das machen die Ärzte und Therapeuten hier alle nicht. Stattdessen lassen sie den Patienten sprechen. Meinen langen Weg hierher haben wir noch mal durchgekaut. Zum hundertsten Mal. Es ist für mich schon normal, dass man den ganzen Tag über sich spricht. Obwohl. Nicht jeden Tag. Wenn man nicht mit den Ärzten spricht, dann mit den anderen Patienten.

Nur, dass wir untereinander über die Medikamente, das Essen, die Ärzte und so weiter reden. Das machen alle Patienten in allen Krankenhäusern auf der Welt. Oder wir reden über die Patienten auf den anderen Stationen. Einige sind echt unheimlich. Wir sind ja im vierten Stock. Tolle Aussicht. Aber unter uns im ersten und zweiten Stock, da sitzen die Patienten, die ein Problem mit Drogen oder Alkohol haben. Das ist richtig hart, denn die haben schwere Entzugserscheinungen. Das sind Beschwerden, die auftreten, wenn man längere Zeit jeden Tag Alkohol getrunken oder Drogen genommen hat und dann plötzlich alles absetzt. Glücklicherweise habe ich keine, obwohl ich so viel getrunken habe. Drogen machen nicht nur süchtig, sie schaden auch der Gesundheit. Das Verlockende daran ist, dass sie bei dem, der sie nimmt, ein sehr starkes Gefühl freisetzen. Meist eines, von dem der Betreffende nach kurzer Zeit schon glaubt, es nicht mehr allein herstellen zu können. Zum Beispiel das Gefühl, sich zu entspannen. Oder das Gefühl, von sich selbst überzeugt zu sein. Ohne Scham. Also ohne den natürlichen Schutz vor Überheblichkeit und Grenzüberschreitung. Wenn man dann auf einmal aufhört, die Drogen zu nehmen, drehen Körper und Seele erst einmal durch. Je heftiger die Wirkung der Droge vorher, desto heftiger die Qualen, wenn man damit aufhört. Der Körper wehrt sich, weil er nicht versteht, warum er plötzlich ohne auskommen soll. Das tut richtig weh. Um diesen Schmerz zu betäuben oder sich davon abzulenken, hören die unter uns laute aggressive Musik.

Deshalb streiten sie sich sicherlich auch öfter. Und wenn, dann aber so richtig. Dagegen sind wir hier oben wirklich sehr harmlos.

Wolfgang hat sich neulich mal aufgeregt, weil jemand heimlich seine Asia-Nudeln aufgegessen hat. Kleine Beutel mit China-Nudeln und verschiedenen Gewürzen, Tüte auf, heißes Wasser drüber, und fertig ist die Nudelsuppe. Schmeckt gar nicht schlecht. Weil es schon so früh Abendbrot gibt, hat sich Wolfgang einen Vorrat für den kleinen Hunger vor dem Schlafen angelegt. Also, ich habe ihm die Dinger nicht geklaut. Ich habe gar nicht so einen Hunger. Außerdem hat er sie mir schon ganz oft angeboten. Wir sehen nämlich immer zusammen fern. Na ja. Da ist er dann mal richtig laut geworden. Für seine Verhältnisse. Wolfgang ist ja sonst eher sehr still. Alle haben blöd geguckt. Er habe jetzt genug von dem Scheiß. Und überhaupt: Essen klauen, das sei das Letzte. Der nervige Martin hat immerzu gekichert. Das hat Wolfgang noch mehr aufgeregt. Schließlich ist er rausgestürmt. Ich glaube, es hat ihn aufgeregt, dass keiner es zugegeben hat. Kommt Dir bekannt vor, ne? Feige Spinner. Aber harmlos. Harmlos und lieb. Nichts gegen die harten Jungs aus dem zweiten Stock.

Der Chef der psychiatrischen Abteilung hat übrigens gemeint, es sei sehr wohl möglich, unter Einfluss meiner Medikamente eine künstlerische Tätigkeit auszuüben.

Na. Wollen mal sehen.

Papa

Hey Matz,

Lithium. So heißt meine Medizin. Sie ist hochwirksam, aber auch gefährlich. Wenn man zu viel davon nimmt, kann man sterben. Das klingt sehr dramatisch, ist es aber nicht. Man geht regelmäßig zu seinem Meisendoktor, zu dem ich ja eh hinmuss, und der nimmt dann eine Blutprobe. Im Labor wird anschließend überprüft, wie hoch der Lithiumgehalt im Blut ist. Das ist wie beim Auto. Da muss ich doch auch regelmäßig den Ölstand kontrollieren, sonst geht der Wagen hops.

Das andere Medikament heißt Zyprexa und sorgt dafür, dass die Meise akut, also jetzt gerade, eingesperrt wird. Dafür, dass sie weggesperrt bleibt, und dafür, dass sich meine Stimmung stabilisiert, ist das Lithium zuständig, und es wird es wohl immer bleiben. Denn die Ursache für die Meise kann auch das Lithium nicht beseitigen.

Zum Glück habe ich kaum Probleme mit den Nebenwirkungen der Medikamente. Einige können sich schlecht konzentrieren, andere haben großen Durst und müssen oft aufs Klo. Bei manchen fangen die Hände an zu zittern. Müde sind am Anfang alle. Das war ich auch, aber es wird schon besser. Sonst habe ich nichts. Es könnte sein, dass ich dicker werde. Bitte schön. Lieber ein dicker, fröhlicher Bär als eine traurig-nervöse Bohnenstange. Damit kann ich leben.

Schwerer fällt es mir, mich wieder bei der Arbeit vorzustellen. Seit fünf Jahren bin ich Regisseur beim Theater. Eigentlich wollte ich ja Schauspieler werden. Wo ich schon immer der Klassenclown war. Passt doch, habe ich gedacht. Kriegst du nicht nur Lacher und Applaus, sondern kannst, wenn es gut läuft, sogar davon leben. Aber auf den guten Schauspielschulen, den staatlichen, haben sie mich leider nicht genommen. Ich hatte vorher extra mit meinem Freund und Schauspiellehrer Heiner geübt. Ihn hatte ich am Altonaer Theater in Hamburg kennengelernt, als ich dort hospitierte. Ich war der Assistent vom Regieassistenten und bekam kein Geld für das, was ich tat. Dafür war ich morgens der Erste und abends der Letzte. Trotzdem hat es mir wahnsinnig Spaß gemacht. Die Leute waren ziemlich witzig und hatten nicht so einen Stock im Hintern wie die Erwachsenen in Niendorf. Ziemlich schnell konnte ich feststellen, dass aber fast jeder aus einer Art Niendorf kam. Und dass ich auch unbedingt auf die Bühne wollte. Schauspielen! Wollten viele. Und einige waren auch noch überzeugender als ich. Deshalb habe ich es immer nur bis in die letzte Runde geschafft. Also habe ich mich schließlich an einer privaten Schauspielschule in Hamburg beworben, für die man Geld bezahlen muss. Als-ob-Schauspielschule. Die haben mich gleich genommen. Klar. Am Anfang war alles sehr aufregend. Sprech- und Tanztraining, Singen, Tai-Chi, Fechten und Improvisation. Fechten fand ich besonders cool. Ich habe lauter Kombinationen einstudiert, die besonders eindrucksvoll aussehen für den Zuschauer. Wirkungsvoll. Ein bisschen wie bei *Star Wars*. Nur ohne Laserschwert, dafür mit Degen und Florett. Altmodischer. Aber die Technik ist dieselbe. Ich zeig Dir mal ein paar Tricks, wenn ich zu Hause bin. Irgendwo im Keller muss auch noch mein Degen liegen.

Nach einiger Zeit habe ich zu meiner Überraschung festgestellt, dass die Schüler nach ihrer Ausbildung nicht an den großen Bühnen, also im Hamburger Schauspielhaus, im Thalia Theater oder an der Wiener Burg Arbeit fanden, sondern in Parchim, Moers, Senftenberg oder an der Landesbühne Schleswig. Alles Orte, die Du nicht kennst? Siehst Du. Man sagt auch Provinz dazu. Das waren ursprünglich alle Gebiete außerhalb des Römischen Reiches, wie bei *Asterix und Obelix*. Nur dass Parchim leider nicht so cool ist wie Gallien. Deshalb habe ich die Schauspielschule verlassen und wieder angefangen zu hospitieren. Diesmal allerdings im großen Deutschen Schauspielhaus in Hamburg. Das war der Hammer! Roland hatte ein Vorstellungsgespräch für mich organisiert und auch ein paar gute Worte für mich eingelegt. Ich sollte nach einer Vorstellung in die Kantine kommen, um mich mit der Betriebsbürochefin zu treffen. *Marleni* von Thea Dorn. Ich habe von der Inszenierung kaum etwas mitbekommen, so nervös war ich.

Als ich die schwere Stahltür öffnete, die den öffentlichen vom privaten Teil der Kantine trennt, betrat ich eine Welt, die ich nur aus der Zeitung kannte. Aus den Theatermagazinen. Da waren sie auf einmal. Alle meine Helden und Heldinnen, die ich schon so oft auf der Bühne und im Fernsehen hatte spielen sehen. Hier standen sie und lachten, stritten und tranken. Es wurden wirklich unglaubliche Mengen Alkohol getrunken. So ganz nebenbei und selbstverständlich. Das fand ich stark, weil ich auch so große Mengen trinken konnte mittlerweile.

Meine zukünftige Chefin war klein und sah aus wie ein verrückter Professor, mit einer Stimme so tief und heiser, dass ich gleich Respekt vor ihr hatte. Sie meinte, wenn ich Schauspieler werden wolle, dann sei ich als Hospitant oder Assistent ungeeignet. Demut brauche man für die Stelle. So etwas hat mich schon immer besonders angespornt. Kann ich nicht? O doch. Sie werden schon sehen.

Ein halbes Jahr später haben sie mir und meiner Demut einen festen Vertrag als Assistent angeboten. Da war ich richtig stolz. Mein Leben war endlich so aufregend, wie ich es mir immer gewünscht hatte. Meine Kollegen waren herzlich, witzig und niemals langweilig. Allerdings kam ich, wenn überhaupt, immer später nach Hause. Ich gab dem Theater alles. Sophie machte sich Sorgen, weil sie mich kaum noch zu Gesicht bekam. Zu Feiern wollte ich sie trotzdem nur selten mitnehmen. Sophie sollte mir ganz allein gehören. Ich wollte sie nicht teilen. Außerdem fühlte ich mich in ihrer Gegenwart viel gehemmter, war lange nicht so ausgelassen und übermütig wie allein. Vor allem hätte sie mich bestimmt angemeckert, denn aus meinem Stolz über meine neue Arbeit wurde ziemlich schnell Arroganz und Hochmut. Das haben vor allem meine Freunde von früher zu spüren bekommen. Die Niendorfer. Die Spacken. Die kamen praktisch nicht mehr vor in meinem neuen Leben.

In meinem Telefonbuch standen irgendwann nur noch die Namen von Leuten aus dem Theater. Klar. Dann ging es weiter und weiter. Habe ich Dir alles schon geschrieben. Ich glaube, ich fange an, mich zu wiederholen. Wenn mir das beim Erzählen passiert, hält Mami immer die entsprechende Anzahl an Fingern hoch. Für jedes Mal einen Finger. Ich stelle mir gerade vor, wie Du das machst.

Vielleicht ist das auch das Zeichen für meinen Abflug hier. Wird Zeit und ist auch bald so weit. Ich habe schon bei den Ärzten vorgefühlt. Sie können mich eh nicht gegen meinen Willen hierbehalten. Ich zähle also nicht auf ihre Gnade. Sie raten mir, noch ein wenig zu warten. Aber ich kann nicht mehr. Genug ist genug.

Ich vermisse Dich.

Papa

Hey Matz,

auf der Station herrscht Aufbruchstimmung, jeden Tag wird jemand anderes mit großer Anteilnahme verabschiedet. Maria hat den Platz in der Einrichtung bekommen, wo sie an einer Langzeittherapie teilnehmen kann. Irgendwo am Meer. Ich freue mich für sie. Wolfgang bleibt auch nur noch eine Woche. Aber er komme nächstes Jahr wieder, sagt er, bestimmt. Das hoffe ich für mich nicht. Auch wenn sie am Ende alle wirklich sehr nett waren – ich möchte hier nicht wieder hin. Nicht, weil es hier so schlimm ist. Stell Dir vor, ich habe für Mami sogar einen Seidenschal bemalt, obwohl ich das Gekleckse doch anfangs so doof fand. So unwürdig. Ich möchte hier nicht wieder hin, weil ich will, dass die Meise gefangen bleibt! Weil ich nicht noch einmal gegen Windmühlen kämpfen will. Jedenfalls nicht gegen so große.

Wenn etwas besonders anstrengend und quälend für jemanden gewesen ist, dann sagt man auch: »Der oder die hat einen Höllenritt hinter sich.« Ja, das habe ich. Und was für einen. Ich habe mich ganz schön verbrannt, so dicht war ich an meiner Hölle dran. Aber ich bin gerade noch rechtzeitig vor dem endgültigen Verglühen wieder rausgekommen. Die Narben, die mir davon bleiben, sollen mich immer daran erinnern, dass ich es geschafft habe. Und daran, wer ich bin.

Dank des Lithiums, dank der Ärzte und Schwestern, dank Mami, dank der Omis und Onkels und Tanten, dank Kourosh und Peer, dank Maria und Wolfgang. Und dank Sophie.

Aber das wäre alles nichts gewesen, wenn es Dich nicht gegeben hätte, mein lieber Matz. Der Gedanke an Dich hat mir immer wieder Kraft gegeben, wenn ich am liebsten aufgegeben hätte oder vor Traurigkeit verschwunden wäre. Tatsächlich bist Du in dieser schweren Zeit für mich das gewesen, was ich für Dich sein will.

Mein Leuchtturm. Meine Orientierung in der Not.

Dafür danke ich Dir ganz besonders.

Papa

Mein lieber Junge,

endlich bin ich wieder draußen. Ich habe mich selbst entlassen. Das geht, weil ich mich ja auch selbst eingeliefert habe. Gegen den Willen eines Patienten darf man nur dann festgehalten werden, wenn man für sich oder für andere eine Gefahr darstellt. Das tue ich wohl nicht mehr. Meine Medikamente nehme ich weiter, und ich muss auch regelmäßig zum Meisendoktor zur Kontrolle. Außerdem überlege ich mir, vielleicht doch eine Gesprächstherapie anzufangen. Mal sehen. Erst mal draußen sein. Ich freue mich so auf Dich. Dennoch wird es noch einige Zeit dauern, bis wir uns wieder regelmäßig sehen können. Sei mir bitte nicht böse, aber ich muss erst einmal nach Essen. Mir ist mulmig zumute, wenn ich daran denke. Doch ich möchte möglichst schnell loslegen, denn ich befürchte, dass ich die Theaterarbeit sonst verlerne wie eine fremde Sprache, die man nicht regelmäßig spricht.

Es gibt aber noch einen anderen Grund, der wesentlich schwieriger zu erklären ist – ich habe mich entschieden, ein paar Tage mit Sophie wegzufahren. Ich weiß nicht, wohin das führt, und ich weiß sehr wohl, dass es Ada unendlich kränkt, aber ich kann einfach nicht anders. Ich merke zwar, dass es mir körperlich bessergeht, aber seelisch bin ich noch immer nicht im Lot. Mir fehlt das Gleichgewicht. Da ich mich in dieser Hinsicht selbst gerade nicht verstehen kann, erwarte ich auch gar kein Verständnis von Dir oder von Mami.

Wir sehen uns erst mal am Wochenende. Versprochen.

Papa

Lieber Matz,

schön ist es am Meer. Einsam und still. Und windig. Man merkt, dass der Sommer nun so gut wie vorbei ist. Darüber gibt es ein schönes Lied von The Doors. *Summer is almost gone* heißt das. Ich kann mir gerade kein passenderes Lied für mich vorstellen. Vor mir liegt eine schwere Zeit. Das merke ich ganz deutlich. Der Sommer war heiß und verrückt. Und er war grausam – für mich und für die um mich herum. Aber ich hatte ja die Meisenenergie. Der kommende Winter wird kalt und erbarmungslos nüchtern für mich sein. Nicht nur, weil ich mir vorgenommen habe, keinen Alkohol mehr zu trinken. Ich nehme mir viele Dinge vor, die ich nicht mehr machen möchte. Nicht mehr gegen meinen Willen. Nicht mehr gegen mein Gefühl.

Klar sein. Klar bei Verstand. Klar im Herzen. Mein Herz fühlt sich an, als ob es den ganzen Sommer über geblutet hätte und nun langsam durch den Verband tropft. Kleckert. Kleckern statt klotzen. Ich weiß, wie das gehen soll, aber nicht, ob ich das aushalten werde. Sophie redet mir gut zu. Sie bestärkt mich. Sie meint auch, ich müsse erst einmal versuchen, allein klarzukommen. Allein war ich noch nie. Oder sagen wir: noch nie gern. Ich weiß nicht, wie das geht. Gern allein sein ist mir so fremd wie Dir Zimmer aufräumen oder Hausaufgaben machen. Kann ich das überhaupt?

Omi Frauke hat mir angeboten, ich könne in die kleine Ein-Zimmer-Wohnung in Winterhude ziehen, die ihr gehört. Gerade sei die bisherige Mieterin ausgezogen. Was meinst Du? Wir würden uns trotzdem täglich sehen, wenn ich in Hamburg bin, nur zum Schlafen würde ich nach Hause fahren. Nach Hause. Ha. Du könntest dann auch bei mir schlafen. Die Wohnung ist klein, aber wir würden es uns schon schön machen, oder?

Es klingt vernünftig, und vernünftig soll ich ja sein.

In Vernunft bin ich nicht so gut.

Papa allein zu Haus.

Mal sehen.

Bis gleich.

Papa

Mein lieber Matz,

mein Gott, war das schön!
 Mit Dir zu sein, Dich um mich zu haben. Dich in den Arm zu nehmen. Dich lachen zu hören. Es kam mir vor, als hätte ich Dich eine Ewigkeit nicht gesehen. So war es ja auch. Du bist so groß geworden. So erwachsen. Das klingt total albern, aber so ist es. So lang darf ich nie wieder weg sein. Das habe ich mir geschworen und auch schon die Fahrkarten für die Wochenenden gebucht. Essen–Hamburg und zurück. Das Theater soll sich von nun an gefälligst hinten anstellen. Es hat genug von mir gehabt. Genommen. Ich möchte mein Leben zurück.
 Ich freue mich über die Beschäftigung, über das Geld, das ich dabei verdiene, bin aber gleichzeitig ängstlich. Weil ich nicht weiß, inwieweit mein durchgeknalltes Verhalten hier schon die Runde gemacht hat. Der heiße Draht im Theater. Und dazu noch mit Stille-Post-Effekt. Bitte nicht. Ich möchte mich nicht dauernd erklären müssen. Ich schulde denen auch keine Erklärung. Nicht für die Krankheit. Nicht für meine Persönlichkeit. Nicht

für meine Art. Nicht für meinen Geschmack und nicht für meine Entscheidungen.

Das ist meine Kampfansage an Essen.

So.

Gleich bin ich da.

Viva.

Papa

Hallo Matz,

nun bin ich in Essen angekommen – und was soll ich sagen?

Untergebracht bin ich in einer typischen, zweckmäßigen Theaterwohnung. Ein Zimmer mit Bad und Küchenzeile. Hochparterre. Zwischen Erdgeschoss und erstem Stock. Beletage hat man früher dazu gesagt. Schöne Etage. Ein beschönigendes Wort bei dem Ausblick, den ich hier habe – auf eine triste Seitenstraße. Die Bude selbst sieht auch nicht viel besser aus. Teppichboden. Schmales Einzelbett. Gegenüber eine Schrankwand aus Eichenholzimitat mit kleinem Fernseher. Kleiner Schreibtisch. Das Tröstlichste ist das Badezimmer. Es ist hellblau gefliest und kommt mir vertraut vor.

Aber ich habe es wohl noch ganz gut getroffen. Die Kostüm- und die Bühnenbildnerin müssen im Theater wohnen. Ein Stockwerk unter der Intendanz. Das kann ich mir beim besten Willen nicht vorstellen, das finde ich unmöglich und völlig unakzeptabel. Richtig unverschämt. Damit man gar nicht mehr vom Theater loskommt? Oder damit man eine bessere Kontrolle über sein Kreativpersonal hat? Diejenigen, die dafür verantwortlich sind, würden das bestreiten oder rein praktische Gründe vorschieben. Vielleicht stimmt das ja auch. Wahrscheinlich haben sie sich darüber gar keine Gedanken gemacht. Wahrscheinlich war es keine böse Absicht. Höchstens Fahrlässigkeit oder Ignoranz.

Das übliche Programm spult sich nun ab. Dramaturgin treffen. Pressefrau treffen. Schauspieler treffen. Chefdramaturg treffen. Vorstellungen besuchen. Musiker treffen. Mit Sonya essen gehen. Warten. Das fällt mir immer noch nicht leicht. Auch wenn der Drang, ständig etwas tun zu müssen, verschwunden ist.

Meine Angst bezüglich der Stillen Post war unbegründet. Keiner fragt nach, und wenn doch, dann so schwammig und unkonkret, dass ich leicht darüber hinwegfloskeln kann. Eigentlich sind alle sehr nett hier. Frisch. Motiviert. Unangestrengt. Unverbraucht und willens, etwas zu schaffen. Neuanfang eben.

Trotzdem kann mich die gute Stimmung nicht über eines hinwegtäuschen: Ich fühle mich ungerecht behandelt. Dieses Gefühl wird immer massiver, das merke ich mit jedem Gespräch, das ich führe. Meine drei Hausregiekollegen zum Beispiel sind bereits für mindestens zwei Stücke verplant. Und ich?

»Was machst du denn nach dem Kinderstück?«

»Ja, ääh? Pfff. Keine Ahnung.«

Wie peinlich. Das allein ist schon demütigend genug. Aber am schlimmsten ist es, wenn dann dieser mitleidige Blick dazukommt.

»Hey, Sebastian, ist doch trotzdem eine große Chance.«

So ein Quatsch. Seit wann ist denn eine Weihnachtsinszenierung eine Chance? Ich kenne keinen, über den gesagt wurde: Oh, der hat aber einen rauschenden Erfolg mit dem Kinderstück gefeiert. Passiert nicht. Man hört höchstens Sätze wie: »Och. War doch ganz nett ... Nee, echt. Schön. Total schön. Und die Kinder, die freuen sich so. Die sind so unmittelbar bei der Sache. Das ist doch das ehrlichste Publikum, das man sich wünschen kann.«

Alles Unsinn! So ein Stück machen Assistenten, um sich für die große Bühne zu empfehlen. Das habe ich längst hinter mir. Mit Erfolg. In Hamburg und nicht in der Einkaufsstadt Essen! Essen ist das nackte Grauen. Schlimmer ist eigentlich nur noch Dortmund. Man kommt aus dem Bahnhof und steht schon mittendrin in der Einkaufsstadt. Die ganze Innenstadt ist ein einziges unüberdachtes Einkaufszentrum. Nur kommt das ein paar Wochen zu spät für mich. Weißt Du noch? *Oooh, ich kauf mir was. Kaufen macht so viel Spaß. Ich könnt' ständig kaufen gehen. Kaufen ist wunderschön!* Das ist aus einem Song von Herbert Grönemeyer und passt nun gar nicht mehr zu mir. Aus der Meise, die zu einer Elster wurde, ist nun eine Eule geworden. Eine Eule, die ihren Kopf unter ihr Gefieder steckt.

Wenigstens gibt es in der Nähe des Theaters zwei tröstliche Orte. Auf diese Orte hat mich mein Theaterlehrmeister Frisch gebracht. Er hat mir ja sehr viel beigebracht, wie Du weißt. Vor allem, genau zu beobachten. Er war ein Meister der Beobachtung und hat bei jedem Spaziergang etwas Unerwartetes, Spannendes oder Lustiges entdeckt. Jedenfalls hat er mal zu mir gesagt, dass er Hamburg so liebe, weil es dort an jeder Ecke einen tröstlichen Ort gebe.

Einer dieser Orte ist für mich das Folkwang Museum. Ich wohne ganz in der Nähe und kann mich gelegentlich dorthin flüchten, wenn mir mal wieder alles zu viel ist. Zur Mittagszeit ist das Museum besonders leer. Meist bin ich mit einer Aufsichtsperson allein in den Ausstellungsräumen. Es gibt viel zu sehen, aber ich gehe immer nur in die Horst-Janssen-Ausstellung. Das war ein norddeutscher Maler und Schriftsteller, den Dein Opa sehr verehrt und mit dessen Bildern ich groß geworden bin. Janssen hat sich mit Hingabe den Details gewidmet. In Essen hängen vor allem seine Selbstporträts. Dick und aufgedunsen vom Alkohol, schaut er mich über seinen Brillenrand hinweg an. Traurig. Unendlich traurig. Aber eben gerade dadurch schenkt er mir Trost. Vielleicht ist geteiltes Leid eben doch halbes Leid. Wenigstens für den Moment.

Ich könnte den ganzen Tag im Museum verbringen, doch das geht nicht. Weil wir proben müssen. Kourosh hat mal gesagt, wenn die Schauspieler gut sind, dann müsse man nur aufpassen, dass sie nicht von der Bühne fallen. Meine Schauspieler haben Schwierigkeiten mit ihrer Rolle. Damit, dass sie nur Teil einer Geschichte für Kinder sind. Was haben sie erwartet? Was habe ich erwartet?

Zwischen den Proben fliehe ich auch oft ins Münster, das sich nicht weit entfernt vom Grillo-Theater befindet. Es ist eine ganz besondere Kirche. Mitten in der Einkaufseinöde. Unbeeindruckt. Unbestechlich. Stolz. Umzingelt von Einkaufsläden wie ein störrischer Eingeborener. Diese Kirche ist ein Schutzraum für mich. Hierhin werde ich mich immer wieder zurückziehen. Müssen.

Mein lieber Matz, ich würde gerne zuversichtlicher klingen, aber ich frage mich ständig, was ich hier eigentlich soll.

Mach es besser.

Papa

Hey Matz,

die Proben machen mich fertig. Großes Ensemble. Alle vom Haus. Bis auf die Musiker und zwei Schauspieler. Richtig interessiert mich nur einer. Ein ganz junger Kollege aus dem Ensemble. Der trägt den Zauber im Herzen. Am liebsten würde ich mich mit ihm verbarrikadieren und an einem langen Monolog arbeiten. Stattdessen sitzt mir Tag für Tag ein Haufen Leute gegenüber, die beschäftigt und gelobt werden wollen. Das wollen wir alle, fällt mir aber wahnsinnig schwer. Denn ich weiß gar nicht, wofür.

Auch mit dem Bühnenbild habe ich wieder Schwierigkeiten. Es engt die Phantasie ein. Ich lasse am liebsten ganz ohne Kulissen spielen. Nur der leere Bühnenraum in seinen natürlichen Begrenzungen als Schauplatz des Stückes. So wie er ist. Nackt und schwarz. Dass an einem solchen Ort ein ganzes Stück gespielt werden kann, ist den meisten unbegreiflich. Besonders hilflos sind die Schauspieler, weil sie noch mehr leisten müssen: Sie müssen auch noch den Ort mitspielen. Mitdenken. Vielen wird das erst am Ende klar.

Nun. Ich bin selber schuld. Wie so oft habe ich gedacht, dass ein Kinderstück ein phantasievolles Bühnenbild braucht. Punkt. Jetzt ist mir das aber alles zu viel. Hinzu kommt, dass wochenlang nur in Markierungen geprobt wird. Als-ob-Kulissen. Das macht mich nicht nur wahnsinnig, sondern das enttäuscht mich auch maßlos. Es ist nicht zu ändern, und es ist dumm, sich darüber zu ärgern, aber – es sind Anzeichen dafür, dass es für mich nicht mehr stimmt.

In Berlin habe ich das erste Mal überlegt, alles hinzuschmeißen. Den Beruf zu wechseln. Zu studieren. Ich wüsste auch schon, was. Rechtswissenschaft.

Das kann sich auch keiner vorstellen. Ist mir egal. Es geht mir genau um diesen großen Abstand zum Theater. Um die Nüchternheit. Um Objektivität. Eine ganz eigene Sprache. Sichtbare Regeln. Der Gedanke an einen Neuanfang lässt mich lächeln.

So in etwa.

Grüße,

Papa

Lieber Matz,

hast Du Dein Puzzle geschafft? 250 Teile finde ich echt schwer. Ich stehe hier vor einem lebenden Puzzle. Ich kriege mich und die anderen kaum noch zusammen. Ich fange schon an, ihnen aus dem Weg zu gehen. Mit jeder Stunde fällt es mir schwerer, mich für sie zu interessieren. Nicht, weil ich es nicht wollte, sondern weil es nicht geht. Ich bin leer. Benutzt, ausgebeutet, abgeerntet. Es ist mir kaum noch möglich ein Interesse, geschweige denn einen Plan vorzugaukeln. Insofern macht sich mein Felix-Krull-Gefühl wieder breit. Die Schauspieler provoziert und beunruhigt das zunehmend. Es gibt immer mehr Gespräche mit der Dramaturgin. Heute auch mit dem Chefdramaturgen.

»Wir wollen dir doch alle nur helfen. Vielleicht müsstest du mal. Du solltest. Denkst du nicht? Die brauchen eben klare Ansagen. Die Bühne ist ja auch schwer.« Bla, bla, bla.

Das ist auch schon wieder so ein Mist: Die Behauptung, man sei als Regisseur dazu da, den Schauspielern alles vorzukauen. Klare Ansagen. Eine Haltung zu sich und seiner Figur bekommt ein Schauspieler aber nicht vom Regisseur. Jedenfalls nicht ausschließlich. Sonst könnte man ja gleich Puppentheater machen. Der Fußballtrainer Felix Magath hat einmal gesagt, nur Spieler ohne Talent bräuchten Taktik. Das ist beim Theater genauso. Nur die Talentlosen brauchen eine Haltung, die ihnen der Chef vorgibt. Die Talentierten haben eine, entwickeln eine oder brauchen keine, weil sie auf der Bühne »sein« können. Wenn man diese Haltung hat oder nicht braucht, kann man sich überall vertreten. Vergiss den Raum. Aber zu solch einer klaren und radikalen Sprechweise bin ich zurzeit außerstande. Solche Gedanken zucken nur noch wie die Erinnerung einer Rechtfertigung durch meinen Kopf.

Alles rauscht an mir vorbei. Ich bin der Verschreckte mit den vollen Hosen. Ich sitze vor meinen Kritikern und lasse mich treffen. Ein Boxer ohne Verteidigung. Sie verlieren den Respekt. Sogar der Assistent wird immer frecher, aber selbst dagegen wehre ich mich nicht. Du würdest Dich schämen. Es ist mir unendlich unangenehm, aber ich kann es genauso wenig abstellen wie das Rasen der Meise zuvor. Ich tauge nicht mal mehr zur Eule. Ein fetter Puter bin ich. Unfähig zu fliegen. Mästen und schlachten. Keiner gibt mir den Gnadenschuss. Oder wenigstens eine Betäubung, um es nicht mit ansehen zu müssen. Aber nein. In allen Augen erkenne ich die Verzweiflung und die Wut. Wie bei *Sein oder Nichtsein*. Ich habe mich abgegeben, ich wünsche mir jemanden, der für mich entscheidet. An meiner statt.

Es ist schlimm. Ich schlafe mit offenen Augen. Es kommt einfach nichts an.

Meine Wohnung wird mir immer mehr zum Verlies. Seit ich die Tabletten nehme, trinke ich keinen Alkohol mehr. Das ist auch neu, aber nicht das Problem. Inszenieren ohne Alk. Ich rauche, trinke Cola light und abends alkoholfreies Bier. Davon bekomme ich Kopfschmerzen. Es ist nicht mal so, dass ich eifersüchtig auf die schaue, die weiter saufen. Keiner betrinkt sich in meiner Gegenwart. Es ist nur alles so ereignislos. Öde. Trist. Ich finde keinen Ausgleich. Komme nicht dagegen an.

Ich gehe laufen. Ich bin erschöpft, aber ich bin nicht eine Sekunde befreit von Zweifeln. Ich gehe mit Zweifeln ins Bett und stehe mit ihnen wieder auf. Eine nicht enden wollende Prüfung. Das Leben findet für mich statt wie hinter Glas. Langsam und leise. Für die anderen komischerweise nicht. Sie scheinen alle zu funktionieren. Einen Sinn darin zu sehen. Ich hingegen stolpere wie ein Statist durch ein Leben, das mir fremd ist. So, als sei es ihr Leben und nicht meins. Keiner sagt mir, was ich tun soll. Sie erwarten einfach, dass ich die Regeln kenne. Einfach funktioniere. So wie sie. Normal.

Ich frage Sonya: Ist so das normale Leben?

Sie guckt mich besorgt an.

Ich fürchte, ja.

Schweigen.

Das halte ich nicht aus.

Papa

Lieber Matz,

ich schaffe nichts mehr. Mir ist auf der Probe wieder nichts eingefallen. Ich bin leer. Hohl. Alle. Kalt. Ich spüre nichts.

Außer Angst.

Stundenlang hocke ich vor der Probe in der Badewanne und lasse mir heißes Wasser über den Körper laufen. Das ist der einzig erträgliche Ort. Ich schleppe mich zur Probe. Mit wem sprechen die alle? Regen die sich jetzt auf? Über mich? Erwarten die das von mir auch? Soll ich jetzt grinsen? Oder etwa lachen? Das geht nicht. Ich kriege es nicht hin. Die Zeit will nicht vergehen. Endlich. Mittagessen. Aber da sitzen sie mir schon wieder alle gegenüber. Kriechen in mich hinein.

Ich lasse alles geschehen. Und sie sind noch mehr geworden. O Gott. Bitte nicht. Ich fliehe in das Münster mit der Beteuerung, noch mal über alles nachzudenken. Aber das geht doch nicht, dass die einzigen erträglichen fünf Minuten des Tages die sind, in denen ich andächtig in die vielen Kerzen schaue! Eine Kirche. Ich fliehe vor meiner Aufgabe in die Kirche! Auf die Kirchenbank.

Schwach ausgeleuchtet durch ein paar flackernde Kerzen. Sehr wenig andere Trostsuchende.

Bis zur nächsten Probe. Bis sie mir wieder gegenübersitzen und mich anstarren. Mit ihren fragenden Gesichtern. Mit jedem Tag ärgerlicher. Die denken, ich mache mich über sie lustig. Dass ich das mit Absicht tue. Nichts sagen. Es ist schlimm für die Leute, wenn man seine Rolle nicht mehr spielt. Nicht mehr mitmacht. Ich bin aus meiner Rolle gerutscht. Obwohl ich der Chef sein soll, verhalte ich mich wie ein Praktikant. Noch dazu wie einer, der nicht richtig versteht und bloß ganz entfernt ahnt, was die anderen meinen, wenn sie reden. Ein fremder Praktikant. Am liebsten möchte ich für alle nur noch Kaffee kochen. So wie am Anfang im Schauspielhaus.

Mache ich tatsächlich manchmal.

Das hilft natürlich auch nicht weiter.

Der Schmerzpunkt ist längst überschritten.

Papa

Lieber Matz!

So. Das war's. Ich habe den Spuk beendet.

Ich stand heute Mittag nach einer entsetzlichen Probe in der Fußgängerzone und habe Deine Mami angerufen und gefragt, ob ich das machen kann. Aufhören mit der Arbeit. Abbrechen. Abreisen.

»Geht das?«

»Ja, das geht.«

»Da gehört auch Mut dazu«, hat sie gesagt.

Ich war das erste Mal seit Wochen froh. Fast ein bisschen glücklich. Weil ich in dem Moment alles ganz klar vor mir sehen und die Zeit in meinem Kopf vorspulen konnte. Dem Intendanten meine Entscheidung mitteilen. Koffer packen. Die traurige Wohnung verlassen. Mit dem Taxi zum Bahnhof fahren, in den Zug steigen. Achtung, die Türen schließen, bitte zurücktreten! Abfahrt.

Ja. Genau das habe ich mir seit Wochen gewünscht.

Obwohl mir bewusst ist, dass das mein Ende im Theater bedeutet. Spätestens jetzt wissen alle, dass ich eine Meise habe und nicht mehr arbeiten kann. Das macht mir wieder Angst, weil ich nicht weiß, womit ich sonst Geld verdienen soll. Aber so geht es nicht mehr weiter. Ich kann nicht mehr Chef sein. Verantwortung tragen. Ansagen machen. In der Öffentlichkeit stehen. Ich brauche mehr Zeit. Zeit zum Nachdenken. Um zu verstehen, was alles passiert ist. Und vor allem, was in Zukunft passieren soll. Zeit, um Abstand zu finden. Zeit, um Luft zu holen. Um zu trauern. Zeit, neuen Mut zu fassen. Zeit, wieder aufzustehen.

Als Erstes bin ich zur Dramaturgin gegangen. Sie hat geweint. Wie um einen verlorenen Angehörigen. Ich wollte mitweinen, aber es hat nicht geklappt. Der Intendant ist wütend geworden und hat mit Sonya geschimpft, weil sie von der Meise gewusst hat. Das ist gemein, aber irgendwie kann ich es auch verstehen. Schließlich muss er nun das Stück zu Ende bringen. Er selbst. Alle wünschen mir gute Besserung und sagen, ich solle in einer Woche zur Premiere kommen. Wenigstens das, sagen sie. Gleichzeitig macht mir die Vorstellung wieder Angst, dass ich im Publikum sitze und mein Stück sehe.

Aber für den Moment scheint die Premiere noch Lichtjahre entfernt zu sein. Jetzt ist Abschiedsinferno. Zuletzt auf der Probe, vor dem gesamten Ensemble. Ungläubige Blicke. Das kann ich ihnen noch nicht einmal zum Vorwurf machen. Man konnte es mir nicht ansehen. Das ist ja das Gemeine. Man sieht die Meise nicht. Selbst Meisenprofis haben manchmal Schwierigkeiten, sie zu erkennen. Wie sollen das Menschen schaffen, die sich hauptberuflich mit sich selbst beschäftigen?

Obwohl sie mir alle ein bisschen leidtun, überwiegt doch die Freude. Ein selten gewordenes Gefühl für mich.

Mit dem Taxi fahre ich zur Wohnung und schmeiße meine Habseligkeiten in die Koffer. Sofort zum Bahnhof.

»Z'Haus geh'n?«, heißt es bei Arthur Schnitzler im *Reigen*.

Z'Haus geh'n!

Papa

Mein Matz,

diese Bahnfahrt fühlt sich komischerweise genauso an wie damals die von Heidelberg nach Hamburg. Zu Deiner Geburt. Aufgeregtheit, eine unbestimmte Angst vor der Zukunft und ein Stück Neugier. Auch jetzt kann ich mich auf nichts konzentrieren. Wenn ich die Augen schließe, versuche ich an Dich zu denken, aber immer wieder huscht mir ein verzerrtes Theatergesicht dazwischen. Tönt es noch drohend in meinen Ohren. Du musst. Du musst. Du musst, wenn du dies und jenes willst.

Nein. Nein. Nein.

Ich muss gar nichts.

Ich will Dir ein guter Vater sein. Ja. Das muss ich vielleicht sogar. Gerne.

Darum will ich diese Krise bewältigen. Will einen Schnitt machen. Muss einen Schnitt machen, anders geht es nicht. Denn ab jetzt eilt mir ein Ruf voraus, und ich fühle mich außerstande, diesen zu entkräften. Wozu auch. Vielleicht hat mich das alles vor etwas noch viel Schlimmerem bewahrt, wer weiß. Aber sosehr ich mich bemühe, daran zu glauben, überwiegt doch die Ahnung, mich gerade ruiniert zu haben. Einen Weg abgeschnitten zu haben. Nicht mehr zurückzukönnen. Keine andere Möglichkeit mehr zu haben. Versagt zu haben.

Schlösser, das alte Großmaul, hat versagt. Vergeigt. Ist ausgerutscht. Abgerutscht. Weggeglitscht. Hat sich selbst versenkt. Abgeschossen. Einen ganzen Chor von Spöttern habe ich im Kopf. Ein ansteigendes Gelächter. Der hat sich aber auch weit aus dem Fenster gelehnt. Kicher. Der hat doch nie etwas gelernt, geschweige denn studiert. Prust. Hätte man gar nicht zulassen sollen, so etwas. Hahaha. Aber immer so getan wie ein ganz Großer. Schnösel. Das geschieht dem recht. Größenwahnsinnig. Hahaha. Und jetzt? Sooo klein mit Hut! Hahahahahahaha.

Stimmt.

Leider.

Ich muss ihnen recht geben.

Im Moment.

Ich hoffe sehr, dass Du mich dafür nicht verachtest.

Dich nicht für mich schämst.

Ich wage kaum, Dir unter die Augen zu treten.

Sei geduldig mit mir.

Bitte.

Papa

Mein Junge,

es ist Sonntagabend, und ich habe den ganzen Tag mit Euch verbracht.

Schön war das. Aber auch fremd. Ich bin es gar nicht mehr gewohnt. Ich habe gedacht, alles käme von allein zurück. Die Liebe und Zuneigung. Das Familiengefühl. Die Geborgenheit. Ich glaube, Du hattest auch Schwierigkeiten damit. Du warst ganz nervös. Zappelig. Ich konnte darauf gar nicht reagieren. Ich habe mich so zurückhaltend benommen, wie ich es eigentlich nur von meinem Vater her kenne. Auf einmal bin ich selbst so. Bleibt das? Ich hoffe nicht. Kommt das von den Tabletten? Kann sein. Wahrscheinlicher ist aber, dass die Meise sich verändert hat. Wieder eine Eule geworden ist. Ich muss mit ihr dringend zu meinem Meisendoktor. Morgen gleich. Ich muss noch viel mehr über die Meise erfahren. Ich habe mir schon einen Haufen Bücher bestellt.

Aber dass das alles so lange dauert, das tut mir leid.

Dass Du so lange mit einem Als-ob-Papa leben musst.

Omi Frauke hat mir die Nummer von einem anderen Meisenspezialisten gegeben. Von einem, der keine Medikamente verschreibt, sondern die Meise wegquatschen kann. Der versucht mir beizubringen, wie man mit der Meise leben kann.

Mal sehen.

Sei umarmt,

Papa

Hallo Matz,

weißt Du, dass ich außer den Briefen an Dich gar nichts mehr habe?

Nichts von Bedeutung, meine ich. Nichts zu tun. Keine Aufgabe. Gut, ich war beim Meisendoktor. Dem neuen. Er sagt, ich müsse geduldig sein. Wenn eine Meise so wild getobt habe, dann sei die Stille danach besonders laut. Der Abgrund, vor dem man stehe, besonders tief. Das leuchtet mir ein. Trotzdem ist es unerträglich. Die Meise hat mir die Farben aus meinem Leben gedreht. Alles grau. Alles gleichgültig. Gleich gültig. Unterschiedslos. Ohne Gewichtung und Abstufungen. Alles bedeutet mir gleich wenig. Das zu schreiben macht mir Angst. Es zu lesen noch mehr.

Ich wiederhole mich.

Keiner kann es mehr hören. Weil keiner weiß, wie er helfen kann. Das weiß ich ja selbst nicht.

Morgen Vormittag habe ich einen Termin bei Dr. Schüssler. Dem kann ich dann noch mal alles erzählen. Vor allem von meiner Angst, nach Essen zur Premiere zu fahren. Ich will nicht. Alptraum.

Du hast mir schon oft von Deiner Halle erzählt. Als Du ungefähr vier Jahre alt warst, hast Du sie Dir erfunden. In Deine Halle gehst Du abends oder wann immer Du willst. Dort bist Du der Chef, und dort ist alles, wie Du es Dir vorstellst. Dort gibt es alles, was Du Dir wünschst, und alle tun das, was Du sagst.

Ist dort noch ein Zimmer frei?

Nur für kurze Zeit?

Du könntest dann gern über mich bestimmen.

Denk mal drüber nach.

Papa

Matz,

es ist früher Abend, und ich sitze in meiner kleinen Wohnung, in der ich mich ebenso als Gast fühle, wie wenn ich bei Euch bin. Überall nur Gast.

Ich war heute bei Dr. Schüssler. Er wohnt in einem großen Flachdachhaus draußen in den Walddörfern, ganz in der Nähe von Omi Frauke. Er ist wirklich nett. Ich habe sofort Vertrauen zu ihm gefasst. Er ist wie ein großväterlicher Freund, der es gut mit einem meint. Das stört mich jetzt auch gar nicht mehr. Ich freue mich über das Gutgemeinte. Im Gegensatz zu den Ärzten im Krankenhaus wollte er meine ganze Lebensgeschichte hören. Angefangen von meiner Geburt bis heute. Alles über Dich und Mami.

Beim Erzählen ist mir klargeworden, wie sehr ich Euch beide vermisse. Wie sehr mir das Familienleben fehlt und wie schlimm die Einsamkeit für mich ist. Obwohl ich objektiv gar nicht allein bin. Aber ich bin immer noch von allen anderen entfernt. Fühle mich abgeschnitten. Vielleicht auch, weil ich nichts zu tun habe. Das ist ganz merkwürdig. In den letzten Jahren hatte ich immer viel zu tun. Selbst wenn ich nicht durchgearbeitet habe, stand doch immer etwas an. Es war aufregend. Aufregender als bei der Post hinter dem Schalter zumindest. Mit der Beschäftigungslosigkeit komme ich nicht zurecht. Das war schon immer so. Auch vor der Meise. Eher ein Grund, warum damals, kurz vor dem Abitur, die Meise das erste Mal zu mir gekommen ist. Da wusste ich auch nicht, wie es hinterher weitergehen soll.

Viele meiner Charaktereigenschaften scheinen die Meise also anzulocken. Die Impulsivität. Die Sehnsucht nach Extremen. Der Drang, Grenzen auszutesten. Nach der Ausnahme zu suchen. Jedes Gefühl noch verstärken zu wollen. Mit Liebe. Mit Kunst. Fliegen zu wollen. Angstfrei.

Die Meise, die ich rief?

Vielleicht ein bisschen.

Ganz los werde ich sie jedenfalls nicht mehr.

Ich bin mir auch nicht sicher, ob ich das wirklich will. Sie wirklich loswerden, meine ich. Immerhin bin ich durch die Meise an Orte und Gefühle gelangt, die andere nur mit Hilfe von Drogen erreichen können.

Aber ich möchte aus diesem Tal heraus.

Noch ist kein Ende in Sicht.

Ich halte weiter Ausschau und werde laut schreien, wenn ich etwas sehe.

Bis dahin alles Liebe,

Papa

Mein lieber Matz,

wenn man nichts zu tun hat, dann werden selbst die einfachsten Aufgaben zu unüberwindbaren Gebirgen. Lebensmittel einkaufen. Sich überlegen, was man essen möchte. Wäsche waschen. Müll wegbringen. Das sind alles Sachen, die man normalerweise nebenbei erledigt. Für mich gibt es kein Nebenbei. Jede Entscheidung wird zur Qual.

Ich stehe eine halbe Stunde vor dem Marmeladenregal. Aprikose? Oder doch Erdbeere? Mit oder ohne Fruchtstücke? Selbst so etwas mag ich nicht mehr entscheiden. Es überfordert mich. Ich habe drei Tage gebraucht, um mir eine Fahrkarte nach Essen zu kaufen und ein Hotelzimmer zu buchen. Morgen geht es los. Ich fühle mich wie vor meiner eigenen Hinrichtung. Da soll ich mich nun für etwas verbeugen, das ich gar nicht geleistet habe. Da lacht Felix Krull laut auf. Ich möchte weinen, verdammt noch mal. Aber es geht nicht. Der Tank ist leer. Der Kanal eingetrocknet.

Ich bin ein wandelnder Lebensverhinderungsorganismus.

Keiner will mich begleiten. Dabei muss ich betreut werden. Dringend.

Ich fahre trotzdem.

Das wird mit Abstand die größte Demütigung meines Lebens. Mit Ansage.

Vielleicht habe ich das verdient.

Nun.

Papa

Ach Matz,

nun war ich bei der Premiere, und es kommt mir schon ganz unwirklich vor, obwohl es erst eine Woche her ist, dass ich von dort wieder abgereist bin.

Um ganz ehrlich zu sein: Es war schrecklich. Ein unangenehmer Traum. Wieder diese Gesichter. Diesmal mit einer Mischung aus Mitleid und Unverständnis. Ich glaube, einige haben immer noch gedacht, ich spiele nur etwas vor. Als-ob-Meise. War mir auch recht. Aber das Wiederholen. Immer wieder die Kurzfassung der großen Meisengeschichte. Ich habe mich irgendwann selbst nicht mehr hören können. »Ja, das ist erblich. Das haben einige in meiner Familie.« Bla, bla, bla.

Wenn ich mir vorstelle, das wäre jetzt in jedem Theater so, in das ich komme.

»Oh, lange nicht gesehen. Und? Wie geht's dir jetzt so?«

Betroffener Blick.

»Na, ich muss dann auch mal wieder, man sieht sich.«

Nee. Das will ich nicht. Wie die anderen das meinen, wenn sie so komisch gucken, ist mir völlig egal. Ich halte das nicht aus. Basta. Theater ist erst mal gestorben für mich.

Dr. Cane, das ist der Arzt, der mir jetzt regelmäßig das Blut abnimmt, um zu kontrollieren, ob ich genug und nicht zu viel von dem Medikament im Blut habe, Dr. Cane hat mir gesagt, es sei mutig von mir gewesen, nach Essen zu fahren. Cane heißt übrigens Hund auf Italienisch. Mein persönlicher Wachhund. Mami findet es auch mutig und richtig. Alle finden das. Nur ich kann das nicht mutig finden. Ich wäre lieber feige geblieben. Es hat einfach zu sehr weh getan. Ich habe mich geschämt, und es hat meinen Stolz – oder das, was noch davon übrig ist – sehr verletzt. Ich werde es jedenfalls nie vergessen. Und ich habe mir geschworen, dass es so weit nicht mehr kommen wird. Nie wieder. Von jetzt an werde ich doppelt aufpassen.

Dr. Cane passt auch auf. In seinem Treppenhaus riecht es übrigens wie in einer Kirche. Das finde ich ein gutes Zeichen.

Bis gleich.

Papa

Lieber Matz,

das war vielleicht ein komisches Gefühl. Gestern, als ich bei Dir war, damit Ada zu einer Geburtstagsfeier gehen konnte. Der eigene Vater als Babysitter. Absurd. Solange Du wach warst, war alles noch ganz selbstverständlich. Nur als Du schlafen gegangen bist, wurde es komisch. Die Möbel stehen alle an ihrem bekannten Platz. Sie sehen nach so langer Zeit aber ganz anders aus. Sind anders aufgeladen. Alles, was bis vor kurzem noch so selbstverständlich zu mir gehörte, ist nun nicht mehr meins. So ist es Ada mit meiner Zuneigung gegangen. Die habe ich ihr genommen. Und sie mir ihre auch. Oder wir haben sie gewandelt. Abgemildert. Sie ist nicht mehr bedingungslos, sondern ganz im Gegenteil an strenge Auflagen geknüpft, um sich vor weiteren tieferen Verletzungen zu schützen. Abstand halten. Das fällt unheimlich schwer, weil wir uns doch so vertraut sind. Oder sollte ich eher sagen: waren? Soll das nun alles nicht mehr gelten?

Das kann ich nur mich selbst fragen. Ada gegenüber bin ich so vorsichtig wie möglich. Die Demütigungen, die ich ihr zugefügt habe, lassen sich nicht so einfach mit der Meise entschuldigen. Die Verletzungen sind tief und nachhaltig. Es geht also weniger um Verzeihen als um den Vertrauensverlust. Vertrauen muss man sich erarbeiten. Muss ich mir erarbeiten. Ich will es versuchen, aber ich darf sie nicht schon wieder überfordern. Mit einem Anfall von Reue.

Deshalb, und weil ich nicht mit so einer Demütigung aus dem Theater ausscheiden möchte, habe ich mich entschlossen, die Inszenierung in Mainz doch zu Ende zu bringen. Außerdem hat mich Thierry, völlig unbeeindruckt von den Ereignissen, in die Pflicht genommen. Weniger eine Frage der Ehre für mich als die Freude darüber, dass mir jemand sagt, was zu tun ist. Wir hatten die Proben vor mehr als einem Jahr abbrechen müssen, weil er sich am Bein verletzt hatte und operiert werden musste. Danach war der Spielplan schon so voll, dass das Stück verschoben werden musste. In diesen Winter.

Halb & Halb. Der Titel ist Programm. Einerseits freue ich mich darauf, vor allem auf Thierry. Andererseits bin ich mir nicht sicher, ob ich unser Treffen damals im Rückblick nicht verkläre. Ein Als-ob-Glücksmoment, den ich immer dann so empfunden habe, wenn es mal funktioniert hat im Theater.

Ich versuche, mir das selbst auszureden, aber es ist nicht leicht, und der Gedanke kommt immer wieder zurück.

Ich traue mich nur deshalb nach Mainz, weil ich für das Stück mit bloß zwei Schauspielern arbeiten muss.

Weil ein Grundvertrauen zu den beiden da ist und weil ich von ihnen weiß, dass sie keine Angst haben zu scheitern. Sie wollen eine gute Zeit haben. Schöne Proben. Sich ausprobieren. Wohldosiert. Außerdem interessiert das Stück in Mainz eh niemanden. Der Intendant ist auf dem Sprung nach Basel und kommt von der Oper. Viel Theater wird am Haus nicht mehr gespielt, oft fallen Vorstellungen einfach aus. Zu den Premieren kommen kaum noch Journalisten, und wenn, sind sie wenig angetan von dem, was sie zu sehen bekommen. Das hätte mich vor einiger Zeit noch zur Weißglut getrieben, und ich hätte das jedermann ungefragt entgegengehalten. Jetzt kann ich darüber lachen und bin erleichtert. Fühle mich durch diese widrigen Umstände unbeobachtet und geschützt. Schüchtern und zaghaft mache ich mich also auf die vorerst letzte Reise.

Papa

Hallo Matz,

nun sind wir schon ein paar Tage in Mainz. Diesmal wohnen wir nicht im feinen Villenviertel zur Untermiete. Alles war ausgebucht, außerdem wollten wir nicht wieder so viel Geld ausgeben. Schließlich kommt ja erst mal keines mehr rein. Haushalten. Das ist ja normalerweise nicht so meins, aber gerade finde ich das sehr passend. Unsere Unterbringung erinnert mich an das Wolkenkuckucksheim. Sie ist eine Art Wohnheim direkt hinter dem Hauptbahnhof, unter evangelischer Leitung, oder doch katholisch? So ganz habe ich noch nicht durchschaut, unter wessen Verantwortung das Haus geführt wird. Das ist schon deshalb schwierig, weil nie jemand zugegen ist. Keine Rezeption. Kein Pförtner. Langer Linoleumflur. Neonlicht mit Zeitschalter, der sehr kurz eingestellt ist. Ich schaffe es nur im Sprint zur Zimmertür, bevor das Licht wieder erlischt.

Wir sind die einzigen Gäste. Ein wenig unheimlich ist das schon. Gefrühstückt haben wir hier nur einmal. Ging auch nicht ein zweites Mal. Man muss schon sehr mit geistigen Dingen beschäftigt sein, um diese Kargheit hier wertzuschätzen. Aber im Gegensatz zu der Zeit in der Klinik in Hamburg komme ich in dieser Freiwilligenanstalt ganz gut bei mir an.

Ich mag nicht mehr weglaufen. Ich bin ganz ruhig. Ich sehe kaum fern, obwohl ich genügend Zeit dazu hätte, denn wir haben uns darauf verständigt, nur einmal am Tag zu proben. Vormittags. In der Regel von halb zehn bis halb drei. Ich schaue den Jungs gern zu. Die meiste Zeit verbringen wir mit Textarbeit. Dabei hilft Otto, unser kolossaler Souffleur. Seine eigentliche Aufgabe ist es, während der Aufführung den Text mitzulesen und schnell das richtige Stichwort zuzuflüstern, wenn ein Schauspieler hängenbleibt. Gute Souffleure können aber auch schon im Vorfeld wichtig sein, eben wenn es darum geht, den Text vernünftig zu lernen. Eigentlich sollten die Schauspieler das zu Hause tun, aber viele sind faul und nutzen dafür die Proben. Es gibt Regisseure, die deswegen richtig durchdrehen. Frisch war so einer. Der hat die Faulen dann nach Hause geschickt und mit den Fleißigen weitergeprobt und sich wahnsinnig geärgert.

Ich bin nicht so rigoros. Den Text gesprochen zu hören ist eben etwas anderes, als ihn sich allein anzueignen. Unter Umständen lernt man auch gemeinsam schneller. Außerdem komme ich beim Zuhören auf Ideen, die wir dann gleich ausprobieren können. Ob diese Art zu inszenieren tatsächlich funktioniert, bin ich mir allerdings nicht sicher. Immer noch nicht. Oder nicht mehr. Ich komme mir vor, als würde ich zum ersten Mal inszenieren. Aber ich bin nicht mehr so aufgeregt. Das ist auch der Grund, warum ich mich sehr auf zu Hause freue. Auf Dich. Weil ich jetzt wieder so sein kann, wie ich es von mir selbst wünsche. Vielleicht bin ich noch ein bisschen zögerlich und blass. Dafür langmütig und wohlwollend. So wie man es sein muss mit einem so lebhaften Jungen wie Dir. Sachen erklären, statt wütend einzufordern.

So ist es bei der Arbeit auch. Ich sehe den beiden Schauspielern zu. Lasse ganze Passagen durchspielen, damit sie ein Gefühl für die einzelnen Stationen des Stückes bekommen. Hinterher kann ich ihnen ganz ruhig erklären, was ich gut fand und was nicht.

So. Jetzt gehe ich mit Sonya ins Kino. Machen wir jeden Abend. Am Montag haben wir bereits alle Filme gesehen und müssen bis Donnerstag warten, bis die neuen anlaufen. Macht auch nichts. Ich lese wieder mit großer Neugier.

Ich frage mich ernsthaft, was passiert wäre, wenn die Arbeit früher schon so entspannt abgelaufen wäre. Gesünder wäre es gewesen. Aber wäre ich dann überhaupt so weit gekommen?

Oder noch schneller nach unten durchgereicht worden?

Ich weiß es nicht.

Trotz oder vielleicht wegen des allgemeinen Wohlfühlprogramms hier in Mainz neige ich dazu, die vergangenen Arbeiten zu glorifizieren. Obwohl ich dabei war, finde ich keine befriedigende Erklärung dafür, warum sie mir gelungen sind.

Zumindest scheint die verdammte Gleichgültigkeit der letzten Zeit ein Stück weit überwunden. Das ist schon mal eine Erleichterung. Aber ob dieser Anflug von Selbstzufriedenheit gut für das Gelingen der Veranstaltung ist, möchte ich stark bezweifeln. Um etwas zu ändern, fehlt mir jedoch der Antrieb. Zu mehr Elan kann ich mich einfach nicht aufraffen. Nur das Nötigste tun. Das bin ich.

Die möglichen Konsequenzen außer Acht lassen.

Bin ich auch.

Ich drehe mich im Kreis. Das habe ich Dir doch schon tausendmal geschrieben, oder?

Langsam fürchte ich mich richtig vor dem Moment, wenn Du die Briefe wirklich liest.

Du musst mich für einen weinerlichen Versager halten.

Schluss damit. Ich reiße mich zusammen.

Basta.

Papa

Mein Matz,

hier hat es heute geschneit. Ich glaube, bei Euch noch nicht, und das ist gut so, denn ich hoffe sehr, mit Dir rodeln gehen zu können, sobald ich wieder in Hamburg bin. Das letzte Mal sind wir gerodelt, als Du gerade mal zwei Jahre alt warst. Bei Omi Frauke um die Ecke. War ziemlich steil. Ich hatte Dich einfach auf den Schlitten gepackt und bin mit Dir losgesaust. Schon nach einer Fahrt auf meinem Schoß hattest Du zu viel Respekt, um weiterzumachen. Dir war das eindeutig zu schnell gewesen. Du hast immer schon alles in Deinem Tempo gemacht. Vor allem die riskanten Sachen. Bei aller Lebendigkeit bist Du eines ganz bestimmt nicht: leichtsinnig. Du möchtest die Kontrolle behalten. Das ist gut so, und das unterscheidet uns schon mal ganz grundsätzlich. Ich habe mir immer die größte Mühe gemacht, die Kontrolle zu verlieren. Zumindest für eine kurze Zeit. Solange die Drogen eben wirkten. Ich habe damit sehr viel experimentiert. Wie weit kann ich die Selbstkontrolle abgeben? Und für wie lang? Wie reagiert das Umfeld, und wie lange halte ich das dann aus? Für so ein Verhalten gibt es viele missverständliche Begriffe. Rock'n'Roll, jugendlicher Leichtsinn oder eben Freiheit. Dabei handelt es sich um eine Illusion von Freiheit. Einen Wunschtraum.

Du siehst, die Erkenntnis ist da. Allein die Sehnsucht nach dem Rausch kommt noch manchmal durch. Kein Wunder. Schließlich versage ich mir sämtliche Fluchthelfer aus der Realität. Dazu ist Theater, Literatur oder Kino nur begrenzt in der Lage. Der Kopf bleibt immer angeschaltet. Aber da alles so ruhig ist zurzeit, ist mein Bedürfnis nach Abschalten zum Glück ziemlich begrenzt. Genuss ist eine gute Ablenkung. Ich gehe mit Sonya nicht nur andauernd ins Kino, sondern auch ständig irgendwo essen. Frühstück, Mittagessen, nachmittags ins Omacafé mit Torte und Kännchen Kaffee. Oft sind wir die einzigen Gäste, da wir nicht zu den Stoßzeiten gehen müssen. Das ist der wahre Luxus. Die Arbeitszeiten weitgehend selbst zu bestimmen, so dass man sich unabhängig von der Masse in der Stadt bewegen kann. Ich fühle mich dann einfach spezieller gemeint. Direkter angesprochen. Exklusivität. Wie ein Prinz eben. Auch ohne Meise.

Sonya genießt das nach den unglücklichen Wochen in Essen sehr, obwohl sie schon betrübt in die Zukunft blickt. Weil unsere Zusammenarbeit hier enden wird. Diese Form von vorweggenommener Wehmut ist mir fremd und unmöglich nachzuempfinden. Der Vergangenheit hinterhertrauern, noch bevor die Gegenwart abgeschlossen ist.

Ich freue mich auf mein neues Leben, auch wenn ich noch nicht weiß, wie es konkret aussehen soll. Aber darauf kommt es auch gar nicht an. Viel wichtiger ist, den Schritt zu machen. Den Schnitt. Den Schlussstrich zu ziehen. Denn *jedem Anfang wohnt ein Zauber inne,* hat Hermann Hesse in einem Gedicht geschrieben. Diese Zeilen tauchen oft in Todesanzeigen auf, vielleicht, weil der Gedanke, dass es weitergeht, tröstlich für die Hinterbliebenen ist. Für mich ist es aber vor allem ein Weckruf zu Lebzeiten. Sich aufzuraffen. Sich zu trauen, alte Wege zu verlassen und neu zu beginnen. Angeblich war Hesse auch bipolar. Das lässt mich ein bisschen hoffen. Schließlich ist er sehr alt geworden. Er hat eben eine gute Art gefunden, sich der Welt mitzuteilen, und hatte das Glück, auch gehört zu werden. Wenn es nun nicht mehr das Theater ist, muss ich mir eben etwas anderes suchen. Muss auch gar nicht unbedingt etwas Künstlerisches sein.

Jedenfalls ist mir überhaupt nicht nach Abschied zumute. Ich sitze gerade im Proviant-Magazin. Ein schönes und behutsam renoviertes Gebäude. Das Café ist herrlich leer, und ich bin schon seit dem Mittagessen hier. Sonya besorgt Requisiten und versucht, den lahmen Werkstätten etwas Dampf zu machen. Ich warte. Wie immer. Es ist schon dunkel. Später haben wir unsere erste Abendprobe. Es lohnt sich nicht, für ein paar Stunden zurück in mein Wohnheim zu gehen. Dann lieber Edelobdachlosigkeit. Ich fürchte, am Ende werden wir unsere gesamte Gage verfressen haben. Dann ist das eben so.

»Fräulein? Ich nehme noch einen Tee und ein Stück Käsekuchen, bitte.«
Guten Appetit!

Papa

Lieber Matz,

die Tage plätschern nur so dahin. Kalt und winterlich ist es, und mir wird ganz festlich zumute. Die Katholiken begehen das Weihnachtsfest doch etwas hingebungsvoller als wir Protestanten. Feiertagsprofis. Vor dem Dom ist eine Krippe aufgebaut, mit lebensgroßen Figuren. Ganz toll. Würde Dir gefallen.

Die Premiere ist ausverkauft. Das freut mich für die Schauspieler, aber für mich ist es bedeutungslos. Viele Vorstellungen wird der Abend nicht erleben. Da mache ich mir keine Illusionen. Kourosh will vorbeikommen. Ich bin mir jetzt schon sicher, dass es ihm nicht gefallen wird. Ich war zu nachgiebig mit den beiden. Das wird ihn stören. Stimmt auch. Aber dafür hatte ich eine erholsame Zeit.

Komische Auffassung von Arbeit hast du, Papa.
Ja. Da hast du recht. Das ist eigentlich unmöglich.
Soll man nicht immer sein Bestes geben?
Selbstverständlich.
Und warum bist du dann mit weniger zufrieden?
Vielleicht, weil nicht mehr ging.

Du hättest dich mehr anstrengen können.

Bestimmt. Aber wem hätte das genutzt?

Den Schauspielern. Dem Stück. Dem Publikum.

Ja, aber nicht mir.

Wenn dir dein Wohlbefinden wichtiger ist als deine Arbeit, dann darfst du dich aber auch nicht über das Kopfschütteln der anderen wundern.

Stimmt. Tue ich auch nicht. Nicht mehr. Ich will nur noch nach Hause.

Zu uns?

Ja.

Zu mir?

Ja. Ja!

Solche Fragen wirst Du mir irgendwann stellen.

Sie werden mich umhauen.

Papa

Lieber Matz,

es ist genau so gekommen, wie ich es mir vorgestellt hatte. Der Abend wurde freundlich, aber nicht überschwänglich aufgenommen. Kourosh kam spät und fand die Inszenierung schlecht, aus ebenden genannten Gründen. Er musste gleich nach der Vorstellung wieder nach Krefeld zurück.

Sonya und ich haben den Abend mit Otto und seiner Frau bei unserem Stamm-Italiener ausklingen lassen. Das waren unsere größten Fans während der letzten Wochen, und heute Abend haben sie ihre gewaltigen Herzen noch einmal besonders weit für uns geöffnet. Das tut gut und ist gleichzeitig der größtmögliche Gegensatz zu den wilden Premierenfeiern im Schauspielhaus, auf denen ich früher bis in die Morgenstunden Musik aufgelegt habe.

Jetzt ist es halb zwölf, und ich sitze bereits in meinem Kämmerlein im Christenheim auf gepackten Koffern. Ein Holodeck soll sich augenblicklich vor mir auftun und mich nach Hamburg beamen. Dieser scheußlich lange Weg.

Ich bin voller Ungeduld, voller Sehnsucht nach Dir.
Noch einmal schlafen.

Papa

Mein lieber Matz,

endlich! Endlich ist es vorbei. Das Theatermachen liegt nun hinter mir. Nicht nur Mainz. Überhaupt. Grundsätzlich. Mit dem Inszenieren ist jetzt Schluss.

Es war ein schöner Abschluss. Weil ich gemerkt habe, dass es geht. Auch ohne Aufregung. Ohne Alkohol. Ohne Extreme. Ohne dass ich mich verschenken muss.

Und dass ich es doch kann. Daran habe ich selbst gar nicht mehr geglaubt.

Der Abend ist zwar kein rauschender Erfolg gewesen, aber das musste er auch nicht sein. Nicht mehr. Es war eher so, wie wenn ein Rennfahrer nach einem schweren Unfall das erste Mal wieder in den Rennwagen steigt. Ein paar Runden drehen. Mir hat gereicht, dass ich dabei nicht aus der Kurve geflogen bin. Dass ich heil ins Ziel gekommen bin. Nur das zählt. Rennen möchte ich nicht mehr fahren.

Auch nicht mehr fliegen. Mit beiden Beinen auf der Erde stehen, das tut gut.

Vieles von dem, was ich Dir geschrieben habe, ist schon sehr weit weg. Dafür stehen neue Herausforderungen an. Ich muss mich irgendwie finanzieren. Brauche einen Job. Und eine Aufgabe. Das fällt ja selten zusammen.

Und ich darf mich endlich um Dich kümmern. Das relativiert vieles. Denn in allem, was Du tust, liegt eine gewisse Selbstverständlichkeit. Eine Unbekümmertheit. All das tut mir unendlich gut. Ist Balsam für meine Seele.

Danke dafür.

Papa

Hey Matz,

toll war es mit Dir im Schwimmbad. Ich kann es immer noch nicht fassen, wie groß Du geworden bist. Auch ohne mein Zutun. Natürlich. Machst schon einen Köpfer vom Beckenrand.

Weißt Du noch? Der Mann mit der Glatze beim Kindergottesdienst neulich? Wir haben ihn und seine Kinder später auf dem Abenteuerspielplatz wiedergetroffen. Er hatte so viel Lebensmittel dabei. Ich habe mich mit ihm unterhalten, und er hat mir erzählt, dass er einen Bioladen bei uns direkt um die Ecke betreibt. Er hat mir einen Job als Aushilfe angeboten. Frühschicht. Das Gemüse einräumen. Den Laden herrichten. Verkaufen. Klingt super, finde ich. Ich brauche etwas zu tun. Etwas, das ich mit den Händen machen kann. Der Kopf braucht mal 'ne Pause. Nächste Woche soll ich Probe arbeiten, und danach komme ich Euch besuchen.

Bis gleich.

Papa

Hey Matz,

gestern war ich das erste Mal in einer Selbsthilfegruppe.
Die gibt es für fast alle Erkrankungen. Die Kranken treffen sich regelmäßig zu einer Art Stammtisch, um sich auszutauschen. Eben weil sie ähnliche Probleme haben und alle wissen, wovon man redet. Die bekannteste Selbsthilfegruppe sind die Anonymen Alkoholiker. Die gibt es überall auf der Welt. Bei denen war Hans-Peter früher. Mit Alkohol habe ich vielleicht auch ein Problem, aber da ich jetzt keinen mehr trinke, habe ich mir lieber eine Gruppe gesucht, die besser zu mir passt. Habe ich auch gefunden. Sie trifft sich einmal im Monat. Gar nicht so weit von mir entfernt. Also bin ich da hingegangen. Ganz scheu und demütig. Nicht mehr der arrogante Großkotz, der selbstverliebt auf die anderen Meisenträger herabblickt. Dabei gibt es kein besser oder schlechter. Ich habe trotzdem Angst. Vielleicht, weil ich so über die anderen Patienten im Krankenhaus gelästert habe. Vielleicht auch, weil ich mich nicht damit abfinden kann, zu ihnen zu gehören. Einer von ihnen zu sein. Vielleicht, weil ich denke, ich müsste nun vor allen

Anwesenden ein kleines Referat über mich halten. Mich offenbaren. Das traue ich mir gerade nicht zu.

Vielleicht.

Es war ganz merkwürdig. Ungefähr fünf Männer waren da. Ein kleiner Raum. Helles Neonlicht von oben. Grauer Linoleumboden. Ein ehemaliger Klassenraum? So fühlt es sich jedenfalls an. Wie Nachhilfeunterricht. Ist es ja auch irgendwie. Ich werde freundlich begrüßt. Alle stellen sich mit dem Vornamen vor. Ich bleibe stumm. Die Rollen scheinen klar verteilt zu sein. Es gibt den Gruppenleiter, den Streber, zwei Stumme und den Klassenclown. Das ist diesmal zum Glück nicht meine Rolle. Das erledigt ein Meisenträger, der nicht auf Medikamenten ist und selbstherrlich die Gruppe stört. Das wiederum geht dem Leiter nicht erst seit heute Abend auf den Geist. Alle scheinen sich schon lange Zeit zu kennen. Zu lange vielleicht.

Hinterher gehen wir noch etwas trinken, und der manische Clown textet mich über eine Stunde lang ungehemmt und ungebremst voll. So war das also für die anderen. Das habe ich schon geahnt. Aber jetzt ist es ganz direkt und erbarmungslos. Ich sehe in einen Spiegel. Allein dafür hat es sich gelohnt hinzugehen, obwohl oder gerade weil ich das so nicht erwartet hatte.

Trotzdem ist mir die Gruppe zu eingefahren. Da tummle ich mich lieber im Netz. Im Internet gibt es eine Plattform, auf der sich Bipolare austauschen können. Das ist anonymer, und dadurch kommen viel schneller die wirklich relevanten Themen auf den Tisch. Je mehr ich darin lese, umso deutlicher wird mir, wie viel Glück ich hatte. Viele haben mehrmals versucht, sich das Leben zu nehmen. Den meisten geht es trotz Medikamenten schlecht. Sie haben ihren Job, ihr Geld, ihre Familie und Freunde verloren. Ich habe alles behalten dürfen. Gut, nicht alles. Einige Freunde habe ich wohl für immer verschreckt. Ob das dann wirklich Freunde waren, weiß ich nicht. Die Familie ist noch da, zumindest die große ist durch nichts zu erschüttern. Der habe ich aber auch nicht so doll weh getan. Der Kleinen schon. Deiner Mutter. Und zwar so doll, dass ich mich gar nicht traue, sie um Verzeihung zu bitten.

Ich wünsche mir nichts sehnlicher, als ihr Vertrauen zurückzugewinnen. Zumindest einen Teil davon. Sie sagt, sie wisse nicht, ob das gehe. Momentan bestimmt nicht. Ein Graben liegt zwischen uns wie bei *Ronja Räubertochter*. Zwischen den Burgen gibt es nur eine Verbindung. Das wirst bei uns immer Du sein, ob wir nun ein Paar sind oder nicht. Aber ich möchte auch versuchen, über den Graben zu springen. Auf die andere Seite. Es wird schwer, denn es ist noch nicht einmal klar, ob sie mich nicht zurückschubst. Oder selbst auf die andere Seite springt. Vor mir weg.

Ich werde Anlauf nehmen.

Versprochen.

Papa

Mein lieber Matz,

jetzt bin ich schon eine ganze Weile wieder in Hamburg, und eines ist mir völlig klar: Ich kann und ich will nicht allein sein. Abstand haben. Das halte ich nicht aus. Auch wenn es vielleicht besser wäre, endlich einmal zu lernen, allein klarzukommen.

Trotzdem kann ich das nicht. Es fühlt sich unwirklich und falsch an. Nicht wie mein Leben. Ich habe das Gefühl, das Leben eines anderen zu leben. Geschieden zu sein ohne Scheidung. Arbeitslos ohne Kündigung. Einsam, ohne allein zu sein. Das habe ich noch nie ausgehalten, und ich frage mich, warum ich das gerade jetzt schaffen soll.

Weil ich die Pillen schlucke?

Weil ich mich von der Jagd abgemeldet habe?

Weil ich mir etwas beweisen muss?

Muss ich nicht.

Ich möchte auch gar kein Solist werden. Schon gar kein professioneller. Mir fehlt mein Rudel.

Ich möchte der Versorger sein. Teilhaben, anstatt teilzunehmen.

Ich langweile mich zu Tode mit mir allein.

Einzelportion.

Kennst Du diese Dosenravioli aus dem Supermarkt? Die gibt es in verschiedenen Größen. Auf der kleinsten Dose steht: Ein Teller. Oben rechts in der Ecke. So fühle ich mich gerade. Wie eine fleischgewordene Einzelportion Dosenravioli. Schmeckt doch nicht.

Ich bin ein Solistenamateur.

Nur für mich einkaufen. Dann lieber gar nichts einkaufen.

Kochen? Geht auch nicht.

Nee.

So. Ich rufe jetzt Ada an und werde sie bitten, mich aufzunehmen.

Als Gast. Meinetwegen.

Vielleicht lässt sie sich darauf ein.

Drück mir die Daumen.

Papa

Mein lieber Matz,

lange nicht geschrieben.

Brauchte ich auch nicht, denn Deine Mutter hat mir glücklicherweise Asyl gewährt. Ein Bleiberecht für den Fremdgewordenen.

Inzwischen haben wir uns auch wieder von der Entfremdung entfremdet. Gott sei Dank. Es gilt wieder unser altes Motto. Platz für Sonntage. Das heißt, der Alltag hat wieder etwas Unbeschwertes. Jeden Tag feiern, als ob es ein Sonntag wäre. Wir können uns auch wieder in die Augen sehen, ohne zu erschrecken. Den anderen sehen, so wie er ist.

Ich glaube nicht, dass das ohne Dich möglich gewesen wäre. Ohne die Liebe zu Dir, so unmittelbar und bedingungslos, dass sie eine Verpflichtung für uns ist. Wir sind verpflichtet, uns Mühe zu geben. Für Dich.

Damit meine ich nicht, dass wir uns eine kleine Familie zurechtgelogen haben.

Nein, ganz und gar nicht. Wir haben daran gearbeitet. Dafür gekämpft. Unsere Verletzungen hinten angestellt. Deine Mami sicher mehr als ich. Wenn ich Euch aus dem Augenwinkel beobachte, während ich koche und Ihr ein Buch lest oder ein Spiel spielt, dann weiß ich, dass es sich gelohnt hat.

Alles.

Der ganze Weg.

Das Schönste ist, dass er noch nicht zu Ende ist.

Dass er weitergeht.

Immer weiter.

Ich liebe Dich.

Papa

Jetzt reinklicken!

Jede Woche vorab in brandaktuelle Top-Titel reinlesen, Leseeindruck verfassen, Kritiker werden und eins von 100 Vorab-Exemplaren gewinnen.